冬季
里的科学

沙金泰 / 编著

吉林出版集团有限责任公司

图书在版编目（CIP）数据

冬季里的科学 / 沙金泰编著. —长春：吉林出版
集团有限责任公司，2015.12（2021.5重印）
（青少年科普丛书）
ISBN 978-7-5534-9400-5-01

Ⅰ.①冬⋯　Ⅱ.①沙⋯　Ⅲ.①科学知识–青少年读物
Ⅳ.①Z228.2

中国版本图书馆CIP数据核字（2015）第285179号

冬季里的科学

作　　者／沙金泰
责任编辑／王　芳　冯津瑜
开　　本／710mm×1000 mm　1/16
印　　张／10
字　　数／55千字
版　　次／2015年12月第1版
印　　次／2021年5月第2次

出　　版／吉林出版集团股份有限公司（长春市福祉大路5788号龙腾国际A座）
发　　行／吉林音像出版社有限责任公司
地　　址／长春市福祉大路5788号龙腾国际A座13楼　　邮编：130117
印　　刷／三河市华晨印务有限公司
ISBN 978-7-5534-9400-5-01　　　定价／39.80元

C 目录

ONTENTS

冬季 DONG JI
里的气象知识
QI DE QI XIANG ZHI SHI

在北半球，冬季是最寒冷的季节，即使温带的气温也可能降到0℃以下。冬季在很多地区都意味着沉寂和冷清。生物在寒冷来袭的时候会减少生命活动，很多树木都会落下叶子，动物会选择冬眠，候鸟会飞到较为温暖的地方越冬。在冬季，很多地方会经历降雪，有些地方的冰雪到春天才会融化。

观察与调查

北京2008年冬至前后昼夜长短的变化

冬至是二十四节气中最早制订出的一个，时间在每年的12月21日至23日之间，这一天是北半球全年中白天最短、夜晚最长的一天。实际情况是：冬至的白天长度确实最短，冬至过后，白天开始变长了。但是，因为变化的微小，所以人们不太容易察觉。下面让我们通过一组数据，来看看冬至前后昼夜的变化。

时间/节气	大雪	冬至	小寒	大寒
日出时间	7：23	7：33	7：37	7：32
日落时间	16：49	16：53	17：04	17：19
昼长时间	9小时26分	9小时20分	9小时27分	9小时47分

从上表可看出，日出时间最晚的是小寒（7：37），而不是冬至（7：

33），甚至到了大寒的日出时间（7：32）也比冬至早一分钟。所以只有等到冬至过后一个月，我们才会逐渐感觉天亮得早了。

　　从冬至后的日出时间看，冬至这一天要比小寒早（早了4分钟），但从日落时间看，冬至比小寒早的更多了（早了11分钟）。这样，冬至的白天长度比小寒的要短。从上表可以看出，冬至的白天长度确实最短（9小时20分），冬至过后，天逐渐开始变长了。

冬季中午太阳影子长短变化及气温变化观察

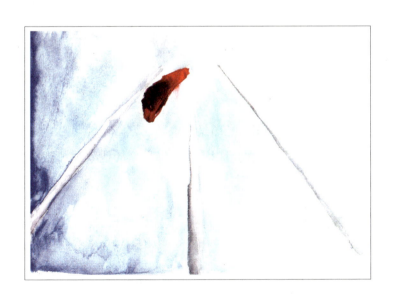

　　由于地球公转时，在公转轨道上位置的不同，太阳直射地球上的位置也会发生变化，太阳直射地球上的位置会逐步向南回归线移动。直至冬至，太阳直射地球的位置又会向北回归线移动。我们可以通过观察影子的变化，体会、感悟这一现象。

　　在冬季这一个月内，每隔两天在中午12时，观察学校旗杆影子的长短变化以及周围环境温度的变化，我们会有更好的体会。

部分城市冬季气温比较

　　由于我国幅员辽阔，南北温度横跨几个气温带，因此，全国各地从气象意义上来讲，冬季到来的时间也不一样。最先进入冬季的是北方，那里几乎在晚秋就进入了气象意义中的冬季。最晚进入冬季的是南方，有些省份即使进入立冬或是冬至，那里也不是气象意义上的冬季。

　　全国各地城市在冬季里气温也都不一样，北方已是雪花飘飘，从西伯利亚吹来的冷风不时入侵我国，气温开始逐渐降低，而南方的广东、海南等省却依然郁郁葱葱，人们却因躲过盛夏、秋燥的烈日而倍感舒适。

　　太阳的光照是导致南北方温差较大的主要因素。在下表中我们可以看出，纬度低的地域进入立冬时，那里

的气温在降低，但是降温的幅度是很小的，并没有降到冰点以下，所以那里不会结冰，可是人却感觉到湿冷；而纬度高的地域则大幅的降温，使人感觉到寒冷，有的地域甚至结冰，如：我国北京、东北地区的哈尔滨、沈阳，西北的乌鲁木齐，立冬当天的气温都在冰点或以下。

纬度高低就是太阳光照的多少，当太阳垂直光照移向南回归线时，南半球接受的太阳光照多一些，而北半球接受的太阳光照就会少一些，可见，太阳的光照是决定了气温温度的关键因素。

2011年我国部分城市立冬气温比较

	北京 北纬 39°54'	哈尔滨 北纬 45°45'	沈阳 北纬 41°43'	郑州 北纬 34°34'	武汉 北纬 30°37'	长沙 北纬 28°12'	乌鲁木 齐北纬 43°46'	西安 北纬 34°16'	上海 北纬 31°12'	广州 北纬 23°21'	海口 北纬 20°3'
最高 气温	13℃	10℃	11℃	14℃	15℃	17℃	5℃	15℃	19℃	29℃	28℃
最低 气温	−4℃	−4℃	−2℃	7℃	13℃	12℃	0℃	8℃	15℃	24℃	23℃

 小贴士

影响交通的冬季天气

天气的情况会影响交通系统的正常运行，恶劣的天气会造成严重的交通事故，在冬季的气象条件中，大雾、冻雨、大雪等是影响各种交通工具安全运行的主要因素。

由于大雾使能见度大为降低，而现代交通工具的速度都很快，由于能见度低，交通工具的驾驶人员看不见远处的路况或是信号及其他目标物，这样极易造成交通事故。为此，在遇到大雾天气时有关部门不得不关闭机场或关闭高速公路，以等待大雾渐渐散去。

据记载：2010年1月19日13时左右，山西长治到太原高速公路方向因大雾引发多起车辆追尾事故，共造成9人死亡，8人重伤，20人轻伤。

2012年1月10日由于高速公路上大雾天气，导致能见度不

足50米，南洛高速皖北路段连续发生交通事故，导致3人死亡，10余人受伤。

大雾天气时，类似这样的报道很多，可见大雾对行驶在路面的车辆以及对飞机的起降造成的影响是非常大的。

处在寒冷地区的城市，降雪使其交通受阻，路口的车辆排起了长队，交通事故也时有发生。

冻雨、大雪过后，高速公路、城市的街道等就会满是冰雪，机场的跑道也会被冰雪覆盖。道路上有了冰雪就会非常光滑，车辆无法正常行驶，甚至是刹车失灵；机场跑道上因为冰雪的覆盖，飞机就无法正常加速而起飞，当然也无法减速而降落。同时，大雪也会使飞机机身结冰，造成飞行的事故。

为了尽快恢复交通，必须及时清理积雪，以保证车辆的通行安全；同时机场的跑道也要进行清雪，还需对飞机机身进行除冰作业，以保证飞行安全。

贵州为何多冻雨

当较强的冷空气南下遇到暖湿气流时，冷空气像楔子一样插在暖空气的下方，近地层气温骤降到零度以下，湿润的暖空气被抬升，并成云致雨。当雨滴从空中落下来时，由于近地面的气温很低，在电线杆、树木、植被及道路表面就会冻结成外表光滑、晶莹透明的一层冰壳，有时边冻边淌，像一根根冰柱，气象上把这种天气现象称为"冻雨"。

我国南方一些地区把冻雨又叫做"下冰凌"，北方地区称它为"地油子"或者"流冰"。在碰到树枝、电线、枯草或其他地面上的物体时，这种冰层在气象学上又称为"雨凇"或冰凌。

我国出现冻雨较多的地区是贵州省，其次是湖南省、江西省、湖北省、河南省、安徽省、江苏省及山东省、河北省、陕西省、甘肃省、辽宁省南部等地，其中山区比平原多，高山地区最多。

我国贵州省冻雨天气多、持续时间长、危害程度重，这与贵州所处特殊的地理位置、地形地势，以及海拔高度大有关系。

贵州省位于中低纬度地区，北方南下的冷气团活动频繁，上空来自南方海洋的水汽十分丰富。另外，贵州地处云贵高原东北

侧的斜坡地带，平均海拔1100米左右，地势西高东低。

进入冬季，频繁南下的北方冷气团受到云贵高原地形的阻挡，在西南地区形成气象学上有名的云贵静止锋（又称滇黔准静止锋、西南静止锋）。冬季云贵静止锋形成后不容易消失而长期控制贵州，加之来自孟加拉湾暖湿气流源源不断的丰富的水汽输送补充，这就是形成贵州冻雨次数多（冷气团活动频繁）、持续时间长（静止锋维持时间长）、影响范围广（地形）、影响程度重（丰富的水汽及静止锋控制时间长）的重要原因。关于海拔高度对冻雨的影响，主要表现为：高海拔地区气温比低海拔地区气温低，所以高海拔地区出现冻雨的概率比海拔低的地区要高。

贵州的冻雨年年都有，只是范围大小不同。2008年的冻雨是贵州历史上出现的最严重的一次，当时云南、湖南、江西、安徽、浙江等地也都出现了冻雨。

人类抵御寒冷的进步

在10 000多年以前的原始社会，原始人或是居住在很简陋的洞穴里，或是树木搭建的小屋中，虽然那时人们已经发现火可以取暖，但是人们还是处于保留火种以利用火的阶段。因此，人类很少在寒冷地区活动。

那时人类几乎无法抵御寒冷，地球上的极寒地区也只能是动植物的天堂，如：北美、西伯利亚等地，那里也只有像北极熊、猛犸、棕熊等一些耐寒动物而已。以后人们逐步的发明了人工取火的方法，并向地球的其他地方迁徙，获得了更大的自由发展空间。

人类可以在寒冷的地区穿上兽皮，用这种方法抵御寒冷。人类又建造了更加保暖的住处，比如用石块、砖瓦建筑的房屋或使用动物皮毛制作、搭建的帐篷等。但即使是这样，人类也不能到

达地球上更加寒冷的地区，比如，南北极被冰雪覆盖的地区以及其他高山、高纬度的地区。

人类是在18世纪才开始走向有冰雪世界之称的南极大陆的。1772年12月，英国航海家库克，经过精心策划准备，率领船队从南非出发，吹响了人类探索南极大陆的第一声号角。库克从1768年到1779年三次探索南极大陆，终因南极的严寒、冰山的阻挠，无法前进，人类这时也没有看到南极的庐山真面貌。

20世纪以后，随着科学技术的进步，人类抵御寒冷的方法达到了巅峰，人们再也不用受寒冷的威胁了。人们的服饰、居所、交通都能抵御、克服寒冷环境。各种形式的供热系统，可以使人们舒适地生活在寒冷地带。在南极、北极科学家们可以在那里设立极地科考站，还可乘坐飞机或破冰船往来于寒冷的区域。

气象科学研究人员可以预报寒冷的天气，人们也可以根据预报采取相应的措施，以保证交通运输、能源供给、食品供应、医

疗服务、应急物资储备等许多方面的正常运行，尽量减少极端寒冷天气给人们生活带来的影响。

例如：在2011年极寒天气中，英国最大的机场伦敦希斯罗机场近年来花费8 000万英镑购买的除雪装置派上了大用场。大雪过后机场很快就恢复了正常运营，航班基本没受太大影响，而在前些年的暴雪天气中，这家机场情况则很糟。

我国辽宁省沈阳市也是从

遭遇暴雪袭击的惨痛经历中吸取了教训。2007年3月，一场几乎将整个城市"冻住"的暴雪让沈阳深受其害：除雪机械落后和除雪能力不足使得沈阳在那场暴雪中受到很大损失。此后，沈阳不断引进各种除雪机械，做好各种应急预案，如今，沈阳市应对暴雪灾害的能力已比当年增强了许多。

寒潮

在北冰洋上空有大量的冷空气，当冷空气聚集到一定程度时，就会以每小时几十公里的速度向南移动，冷空气掠过之处就会产暴冷、严寒、大风、沙尘暴，并伴随雨雪，使当地气温骤降，日温差可达20—30℃。

我国气象部门规定：冷空气入侵，使气温在24小时内下降10℃以上，日气温最低在-5℃以下时就是寒潮。

寒潮一般8到10天出现一次，每年9月中下旬开始，到次年5月底结束。寒潮是一种灾害性天气，由于寒潮暴冷、温差变化大，容易引起心脑血管疾病、哮喘病、呼吸道疾病的发作，也容

易引起流行感冒或给农牧业带来灾害。

相关链接

地域的冬季差异

进入11—12月份就迎来了一年中最后的一个季节——冬季。雪花飘飘，寒风呼啸，从西伯利亚吹来的冷风不时入侵我国，气温开始逐渐降低。由于我国幅员辽阔，所以全国各地的冬季温度也不一样。

海南省地处北纬18度10分到20度10分之间，是我国最具热带海洋气候特色的地方，那里全年暖热，雨量充沛，干湿季节明显，热带风暴和台风频繁，气候资源多样。海南各地年平均气温在23—25℃之间，中部山区较低，西南部较高。海南省全年没有冬季，1—2月为最冷，平均温度16—24℃，平均极端低温大部分在5℃以上。2007年12月22日是我国二十四节

气的"冬至"。这天过后，各地气候都将进入一个最寒冷的阶段。但常年气候温暖的海南省仍无一丝冬意，温煦如春。其冬至当天的最高气温竟然有30℃，最低气温也有17—19℃。

长江流域中下游的许多地方在冬季也很少出现雨雪天气，冬季的时间也较短。上海的最低气温只有零上几度，极端低温很少出现，因此那里也很少看到结冰现象。有时，会接连不断地下起雨来，使人们感到湿冷。

黄河中下游地区冬季就冷一些了，以长城为界，南部为暖温带半湿润区，北部为中温带半干旱区，向西北过渡到干旱区。除内蒙古的北部和西部外，均为温带大陆性季风气候。其特点是夏季炎热多雨，冬季寒冷干燥，春秋短促。受东亚季风环流的影响，冬季气温较低，1月平均气温大多在0℃以下，北部地区更为寒冷，内蒙古1月平均气温在−10℃以下，且多暴风雪。

东北、西北、及内蒙古等地也就是我们常说的塞北，那里的冬天经常受到来自境外俄罗斯西伯利亚或是贝加尔湖的冷空

气入侵影响，因此，那里才真是冰天雪地的严冬。

世界"寒极"

1838年，俄国商人尼曼诺夫路经西伯利亚的雅尔库次克，无意中测得了-60℃的最低温度，在当时引起了一场轰动，但谁也不相信这位商人测得的记录是正确的。47年以后就是1885年的2月位于北纬64°的奥依米康，人们测得了-67.8℃的最低温度，第一次正式获得了世界寒极的称号。

1957年5月，位于南极"极点"的美国安莫森斯考脱观测站传出了一个惊人的消息，那里的最低温度降到了-73.6℃，因而世界寒极由北半球乔迁到南极去了。同年9月，这个观测站又记录到一个更冷的-74.5℃的温度。

看来南极极点该是真正的寒极了。其实不然，1958年5月位于南纬72°的"东方"观测站，那里的温度下降到了-76.0℃，6月再度下降到-79.0℃。这样，寒极又从"极点"搬出来。没过几天，"东方"观测站的最低温度竟达到了-78.4℃。1960年8月，"东方"观测站最低温度达-88.3℃，纪录再一次被打破，然而这个记录并没有保持多久。1967年，挪威在极点附近记录到-94.5℃的气温，成为迄今地球上最低的温度。

有人类定居的最冷地方

俄罗斯西伯利亚奥伊米亚康地区是世界上有人居住的最冷的地方，人们也称为那里是地球上的寒极。

奥伊米亚康为什么这么寒冷呢？这是由于它所处的地理位置、地形等因素决定的。奥伊米亚康地处北纬63.27°的临近北极的区域，由于纬度较高、太阳高度角小，日照光弱且时间短，地面获热极少；在地形上，奥伊米亚康地处东、西、南三面被山脉包围的谷地之中，暖湿的海风很难吹进，而北方来的冷空气可以长驱直入，并在谷地中停滞积聚，成为西伯利亚高气压长久盘踞的地方，从而使奥伊米亚康更加寒冷，另一方面奥伊米亚康盆地海拔较高，他坐落在海拔2 000米以上，海拔高度同中西伯利亚高原的纬度相当。

奥伊米亚康12月至次年1月，昼夜平均气温均低于-45℃，有的年份甚至在-60℃以下。绝对最低气温曾达-78℃，气温绝对年较差达101.8℃，是世界上气温年较差最大的地区之一。所以这个地区最冷，冬季的3个月内平均气温在-40℃以下，最冷温度在1933年出现，达-78℃。

　　奥伊米亚康共有2 300名居民，很多住户的祖辈都在这里居住。因为这里的无霜期很短，因此这里的居民从不种农作物，大部分居民都以狩猎，或者饲养奶牛和驯鹿为生。在这种极其寒冷的地方，狩猎活动变得十分简单，只须在哺乳动物出没的地方设下陷阱就行了，根本用不着蹲守和察看。这里的气温比家用冰箱的冷冻室温度低得多，落入陷阱的动物如同被放进了冷藏库，几个月都不会解冻，其天然保鲜的效果非常理想。

　　奥伊米亚康的渔民从冰面下把鱼打上来后，仅需30秒钟鱼就会冻上，僵硬得如同一块板子。这里的人不知道牛奶的液态是什么样子，因为商店里卖的都是象牙色的一块块牛奶冰坨。为了保暖这里的人们穿戴上鼬皮服、羊皮大衣、浣熊皮的帽子和驯鹿皮靴。在学校里，孩子们整个冬天都在室外玩耍，除非气温低于–60℃。

　　要想在这种极度寒冷的环境中生存，必须摄取大量的脂肪和蛋白质以维持身体运转。当地人最常吃的食物是烤制的马肉和冰冻的生马肝，一天三顿加上夜宵都是吃肉。

　　寒冷的生活并不显得单调，当地的居民有时还会做一些有趣的事：冰下取鱼、鹿拉雪橇、为马匹除霜或是到冰下俱乐部去……

冬季里的节气

立冬

每年的11月7日或8日太阳到达黄经225°这时就是立冬时节。

这时北半球获得的太阳辐射量越来越少，由于此时地表贮存的热量还没有散尽，所以一般还不太冷。晴朗无风之时，常是温暖舒适的天气，所以，人们常说十月还有个小阳春（指农历十月）。

但是，这时北极的极地冷空气也已具有较强的势头，常频频经过俄罗斯入境我国并南侵，有时形成大风、降温并伴有雨雪的寒潮天气。从多年的平均状况看，11月是寒潮出现最多的月份。剧烈的降温，特别是冷暖异常的天气对人们的生活、健康以及农业生产均有严重的影响。注意气象预报，根据天气变化及时搞好人体防护和农作物寒害、冻害等的防御，显得

十分重要。

立冬前后，我国大部分地区降水显著减少。东北地区大地封冻；江淮地区"三秋"已接近尾声；江南正忙着抢种晚茬冬麦，抓紧移栽油菜；而华南却是"立冬种麦正当时"的最佳时期。

小雪

每年11月22日或23日为小雪，小雪表示降雪的起始时间和程度，小雪是直接反映降雪的节气。

在立冬节气以后，我国的西北、东北的大部分地区已经有了降雪，到了小雪节气，意味着华北地区也将有降雪。如果说立冬节气标志着我国北方大部分地区进入冬季的话，走到小雪节气，冷空气的直接表现就是使华北这些地区的气温逐步达到0℃以下，而江南地区的阴雨天气则使人更感湿冷。

大雪

每年12月7日前后，太阳到达黄经255°时为"大雪"。

大雪从字面上理解，就是大雪纷飞，天气更加寒冷，降雪的可能性更大了。大雪时节，中国北方地区是一片银装素裹的冰雪世界，江南则进入隆冬时节，各地气温显著下降，常出现冰冻现象。

冬至

冬至是我国农历中一个非常

重要的节气，也是一个传统节日，至今仍有不少地方有过冬至节的习俗。早在 2 500 多年前的春秋时代，我国已经用土圭观测太阳来测定出冬至了。冬至是二十四节气中最早制订出的一个。时间在每年的阳历 12 月 22 日或者 23 日之间。冬至是北半球全年中白天最短、黑夜最长的一天，过了冬至，白天就会一天天变长。现代天文科学测定，冬至当天太阳直射南回归线，阳光对北半球最倾斜，北半球白天最短、黑夜最长。冬至过后，太阳直射点又慢慢地向北回归线转移了。

小寒

小寒是第二十三个节气，在每年的 1 月 5 日到 7 日之间，太阳位于黄经 285° 时。对于中国而言，小寒标志着开始进入一年中最寒冷的日子。根据中国的气象资料，小寒是气温最低的节气，只有少数年份的大寒气温是低于小寒的。

小寒时节北京的平均气温一般在 -5℃ 左右，极端最低温度在 -15℃ 以下；中国东北北部地区，这时的平均气温在 -30℃ 左右，极端最低气温可低达 -50℃ 以下，午后最高气温平均也不过 -20℃，真是一个冰雕玉琢的世界。黑龙江、内蒙古和新疆以北的地区及藏北高原，平均气温在 -20℃ 左右，河套以西地区平均气温在 -10℃ 左右，都是一派严冬的景象。到秦岭、淮河一线，平均气温则在 0℃ 左右，此线以南已经没有季

节性的冻土，冬作物也没有明显的越冬期。这时的江南地区平均气温一般在5℃左右，虽然田野里仍是充满生机，但亦时有冷空气南下，造成一定危害。

大寒

大寒是二十四节气中最后一个节气，每年1月20日前后太阳到达黄经300°时为大寒节气。大寒是天气寒冷到极点的意思，这时寒潮南下频繁，是我国大部分地区一年中的寒冷时期。大风、低温、地面积雪不化，呈现出冰天雪地、天寒地冻的严寒景象。大寒是中国二十四节气最后一个节气，过了大寒，又迎来新一年的节气轮回。

冬季 DONG JI
里的动植物知识
QI DE DONG ZHI WU ZHI SHI

寒冷的冬季，大自然失去了喧闹、茂盛，增添了许多平静。有的树叶脱落了，有的植物枯萎了，甚至结束了他们平静的一生。大自然中小鸟的欢唱少了许多，连森林里也是寂静一片。

茫茫的冰雪世界点缀了苍松、旱柏的暗绿，山林、田野、草原的雪地上，留下了麻雀、山鸡、野兔、狐狸等一些鸟兽时而出没时的足迹，在冬季别样美丽的画卷上，也呈现出生命的顽强。

观察树木

在冬季阳光明媚的日子里，你可以走出家门到公园或是野郊等地观察树木在冬天的形态。

在地球的温带和寒带地区，植物一年四季的形态是不同的。在冬季，有的树木落光了叶子，有的树木并没有落叶，好象是并不理会冬天的寒冷。有些人在仔细观察多次以后，竟然能认出落叶后的树木，不但能说出树种的名称，甚至可以说出它的枝干、树皮的特征。在那些树木都落光了叶子的时候，你也能说出它们的名字吗？

大多数落叶树的叶子在当年冬天来临时落光，比如，我们常见的杨树、柳树、榆树、苹果树、梨树、杏树、桃树、香椿、梧桐、杨树、槐

树、枫树、梅树等等都是这样。这些树种生物学家称它们为阔叶落叶树。

也有的树木一年四季常绿，如：各类松树、各类柏树、香樟、橘子树、龙舌兰、剑兰等，生物学家称它们为常绿树木，不过这些树木也不是没有变化，仔细观察你就会发现它们的树叶并不都是那么新鲜，有的树叶是新长出来的，有的老叶也会在这时脱落。

松树每年都生新叶，而落的却是已经长出好几年的老叶。松树的叶，一般2针、3针或5针一束，着生在一个不发育的短枝上。严格来说，松树每年脱落的是短枝，而不仅仅是叶。侧柏的许多鳞叶排在一组扁平的小枝上，每年脱落也是这样的小枝。天冬草的情况也与松树相似。

少数落叶树种冬天叶片虽然干枯，但并不会脱落干净，有的直到第二年新叶发出时才落光。如我国北方的蒙古栎、辽东栎等壳斗科树木，我们称之为早春落叶的树。

冬天落叶树为什么要落叶？常绿树又为什么不落叶呢？

其实，绝大多数的树木的叶子都会落，不过因叶子的生命过程长短和落叶的时间不一样就出现了冬季有的落叶，有的在一年以后或多年以后落叶。

因此树木有落叶树与常绿树之分，常绿树其实也落叶，但四季都落，且春天相对落的多些。

　　树木是否落叶是根据其长期的进化演变，适应自然环境的不同而决定的。落叶树种落叶是因为要对抗不良的环境因素。比如在冬天落叶，就是为了要减少水分蒸发，使体内的细胞质由液态向胶态转变以增强其抗逆性，生命过程处于休眠状态，从而度过寒冬。植物在落叶时，体内的植物激素脱落酸产生作用，使叶片与植株体间的分离层发生变化，细胞间产生分离，由此使叶片脱落。

　　落叶树木为了抵御冬天的低温，他们会落下叶子以减少水分的蒸发，而常绿树木他们有抵御寒冷的天然结构，他们的叶子表面都覆盖有一层蜡质的膜，同时他们的叶子大都是针叶型的，表面积小，叶子这种形态和结构可以防止水分的蒸发。这就能使常绿树不必落叶也能抗击严寒过冬。

　　另外，常绿树之所以常绿，是因为其叶子寿命比较长，且一年的各个时候都不断有新叶长出，老叶落下，所以茎上一年四季都保持有绿叶。

 小贴士

冬季里的植物

　　我国南方的初冬，许多地方的植物还绽露着鲜花，但一场降雪压满了枝头，白雪、绿叶、红花是南方冬季的一道风景。大雪过后，太阳的照射使雪很快就融化了，一棵棵绿树红花依然大放异彩，他们并不会因为一次降雪而落叶或是枯萎。

　　北方的冬季则是另一番景致，那里白雪飘飘，大地一片苍茫，一些草本植物都枯死并被掩埋在白雪下面。但城市、乡村的许多地方也不缺乏绿色，只是没有生机盎然的缤纷色彩而已。

　　落叶的树木早已在秋季褪去了绿色，那些生机盎然的绿叶早在秋末冬初，从树枝上飘落到地上，林间的枯叶厚厚地铺在地上一层。那些常绿的针叶树挺拔、墨绿，深褐色的枝干和墨绿色的

针叶被冰雪散落地覆盖，一片片的常绿林为北方的冰雪世界增添了几分生命的气息，打破了千里冰封大地的沉寂。有时因空气的湿度大，无论是落叶树或是常绿树都像穿上了白纱一样被雾凇包裹着，傲然挺立在瑟瑟的寒风中，像是玉树琼花。

为了在寒冷的季节也能欣赏到红花绿叶，人们设计了温室和花窖。这些温室和花窖是冬季植物栽培的理想场所，里面的花卉和蔬菜静静地在温室中享受着春意。

温室栽培出鲜嫩的青菜，而花窖则培育出馨香的鲜花。于是生长在那里的植物不会受到寒冷的侵袭，不必担心冻害、虫害，这里有先进的供热设施，也有室温、光照的自动调节系统。温室里的郁金香、迎春花、牡丹花、杜鹃花、大花蕙兰、紫荆花、雪梅花、迎春花等竞相开放，那些原来生长在南方的竹子、铁树等也翠绿欲滴。

还有的植物被请进了大众的家中，千家万户的花卉都在门户

紧闭的各家阳台上占有一席之地，他们在这里受到了特殊的照顾，为主人的室内增添了绿意和芬芳。

给小树穿衣

北方的冬天，我们常常看到园林工人为街边、公园、广场的绿篱披上了一层外衣，难道小树也怕冷吗？

是的，冬天土壤里的水分都结成了冰，小树就会因缺少水分而干枯。为了保护小树安全过冬，园林工人为小树罩上了"外衣"，以减少小树水分蒸发，又为小树遮挡了风雪的侵袭。

罩上保暖层后，在冬天里这些植物就不会再挨冻了，这些为树木过冬建造的保暖层，是用木条做骨架，然后用五彩布将植物包裹在内，这样就能起到为植物御寒的作用了。

动物的冬季生活

冬天来了，许多植物枯萎了，动物的食物大大减少了，冷风飕飕，气温下降，有的动物进入了冬眠状态，有的动物结束了短暂的一生。

但是，还有许多动物，他们适应了环境的变化，各自用尽了自己的招数，顽强地抵御着寒冷，愉快地生活在寒冬里。

动物中的大家族昆虫，他们大都生命期较短，生命体也较为简单，抵御寒冷的能力极差，有的甚至没有抵御寒冷的能力。因此，大多昆虫在温暖的季节里，就完成了从出生到繁殖的生命全过程。所以，冬天里你很少看到蚊子、也很少看到苍蝇，更见不到蟋蟀、蝗虫了，那么他们怎样度过寒冬呢？

苍蝇、蚊子都躲进了阴暗的角落，它们或是躲进树洞或是躲进地窖等，利用体内贮存的脂肪来维持生命，一直到来年春天才飞出洞穴。勤劳的蜜蜂，到了冬天会呆在自己的蜂巢里躲过严寒。

蟋蟀也可以建造自己的地下巢穴，当天气渐渐的变冷时，它们会在草地下面开始挖洞，冬天时它们就会钻进洞里过冬。

有些昆虫在冬天来临之前产卵，让卵过冬，以延续种群。蝶类的幼虫在植物的茎上吐丝，做茧蛹在茧里过冬。椿象用嘴在树皮上钻洞，然后将产卵管伸进去产卵。蝗虫把卵产进草根附近的泥土中并排出黏液将卵包上，最后把洞口封住。

还有一些鸟类，它们有极强的飞行能力，它们可以飞过高山，甚至大洋。到了冬大，它们因北方的气候不适，食物短缺，就会飞到南方去，到了夏天它们再飞回来，就像一次快乐的旅行。

如果在北方的冬天里，河湖都结了冰，更见不到水中的小生命了。不过在冰面底下的冷水里，还有许多鱼在那生活着，他们减缓了生命活动过程，甚至有时静静地呆在那里，呼吸减弱了，进食也减少了，这样的生活虽不尽意，但是，冰面下水中的氧气、稀有的食物可供他们的生命最低需求，以致他们能迎来明年的冰雪消融，到那时他们再重新活跃起来。

一些两栖动物、爬行动物，如蛇、青蛙等，他们都是变温动物，他们自身还没有抵御寒冷，调节体温的能力。所以，他们只能采用冬眠的办法度过寒冬，他们钻入地下，岩石缝中，闭上眼睛美美的度过长达几个月的冬眠期。

休眠是动物躲过不适应环境的一种生理本能，在冬眠中大多数动物不进食、不活动，新陈代谢变慢，呼吸也很微弱。泥鳅钻进水底的淤泥中冬眠，青蛙、蟾蜍躲进地洞或树洞，蛇会藏进泥地里、石缝里、树洞里休息，陆龟躲进洞穴，水龟藏进河边洞穴或泥土里。

寒冷的冬天，长有毛皮的动物不惧怕寒冷，它们厚厚的皮毛可以为它们的身体保暖，有一些动物还会长出一些新的绒毛，并且改变了颜色。如：雪兔夏天时灰褐色，到了冬天，因食物的缺乏，光照量的减少，体内的新陈代谢起了变化，皮毛得不到充分的养料转化成色素，色素的减少使皮毛的颜色变白。色素的减少使皮毛里面充满了细小的气泡，太阳光照射过来被反射回去，皮

毛就显现出白色，这白色的皮毛利于它们的活动，利于它们躲避天敌，又利于它们在捕猎时不被猎物发现。

生活在寒冷地区的熊，在冬天来临之前，它们吃饱喝足，增加身体内的营养，然后躲在山洞、树洞里睡觉。青蛙、蛇在冬眠时，不怕任何惊扰，而熊在冬眠时，有时还会醒来。

观察与调查

寻找过冬动物的踪迹

北方的冬天，冷风飕飕，气温下降到零下二、三十度，这时我们很少看到动物，他们都到哪儿去了？他们是怎样度过寒冷的冬天呢？

其实，动物在自然界生存中，都各有妙招，正因为他们有办法，所以才能一代又一代的生存繁衍下去。一些小动物如昆虫、鼠类、两栖类在冬

季里，他们或冬眠、或以卵、或作茧等躲起来了。

我们可以在田野、公园、校园内等地方寻找一些过冬昆虫观察他们过冬的方式。

鸟类的迁徙

根据鸟类迁徙的行为，可以将鸟类分成不同的居留类型，即留鸟、候鸟、迷鸟。留鸟是那些没有迁徙行为的鸟类，它们常年居住在出生地，大部分留鸟甚至终身不离开自己的巢区，有些留鸟则会进行不定向和短距离的迁移，这种迁移在有的情况下是有规律的，比如乌鸦会在冬季向城市中心区域聚集，而在夏季则会分散到郊区或者山区，这种规律性的短距离不定向迁移被叫做"漂泊"；还有一些物种如雪鸡会根据季节的变化在高海拔和低海

拔之间进行迁移，这种迁移叫做"垂直迁徙"，虽然名为迁徙，但仍然是留鸟的一种行为；有些物种的短距离迁移则是完全没有规律的，仅仅是随着食物状况的改变而游荡，这种鸟类实际上是留鸟与候鸟之间的过渡类型。候鸟是那些有迁徙行为的鸟类，它们每年春秋两季沿着固定的路线往返于繁殖地和避寒地之间。在不同的地域，根据候鸟出现的时间，可以将候鸟分为夏候鸟、冬候鸟、旅鸟、漂鸟。

如果鸟类在它避寒地则视为冬候鸟，在它的繁殖地（或避暑地）则为夏候鸟，在它往返于避寒地和繁殖地途中所经过的区域则为旅鸟。在一定广域范围，或是夏居山林，冬居平原处的则视为漂鸟。迷鸟是那些由于天气恶劣或者其他自然原因，偏离自身迁徙路线，出现在本不应该出现的区域的鸟类。

候鸟和留鸟之间的区别并不是绝对的，同一鸟种，可能因为各种原因，在不同的地区甚至在同一地区表现出不同的居留类型，决定一个鸟种在一地的居留类型的因素有当地气候、食物状况、生活环境等。例如繁殖于日本北海道的丹顶鹤原为夏候鸟，由于当地人士持续在冬季定期投喂给予其稳定的食物来源，部分丹顶鹤已经放弃迁徙的本能，成为当地的留鸟；又如雀形目鸟类黑卷尾，在我国南部的海南岛、云南等地为留鸟，而在长江流域和华北则为夏候鸟，而在欧洲则为漂鸟。

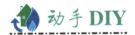 动手 DIY

❧ 制作蔬菜盆景 ❧

冬季里，萝卜、白菜、马铃薯、蒜苗等都是北方常见的蔬菜，我们可以用这些蔬菜制作小蔬菜盆景为室内添绿，并体验学习无土栽培。

盘栽蒜苗

◎ **材料**

大蒜、盘子、棉线、水、针

◎ **过程**

（1）将大蒜掰成瓣，然后再剥去外皮。

（2）用针线在一部分蒜瓣中间穿过去。然后把芽朝上在盘中围成一个圈。

（3）将其他蒜瓣芽朝上，整齐地摆在圈内。

（4）将盘内倒入清水或营养液。

（5）把盘子放在朝阳的窗台上。

（6）接下来就是等待蒜苗一天一天的长高了。

白菜萝卜齐开花

◎ **准备**

萝卜1个、白菜1棵、水、刀、线绳

◎ **过程**

（1）用刀拦腰把萝卜切开。将上半部留下，挖去中间部分，做成一个壁为1.5厘米厚的盆。

（2）把白菜的根部用刀切下。

（3）将萝卜盆盆沿下1.5厘米处，按盆周等距离扎3个吊绳孔，然后将线绳拴好。最后将3根线的另一端系在一起。

（4）把白菜根放在萝卜盆中，添上水，挂在室内向阳处。

观察萝卜、白菜生长、开花的情况。想一想萝卜的茎和叶会向上长还是向下长？

🌸 制作小鸟喂食器 🌸

冬季来临，大雪纷飞。这时正是北方的留鸟觅食最困难的时期，它们

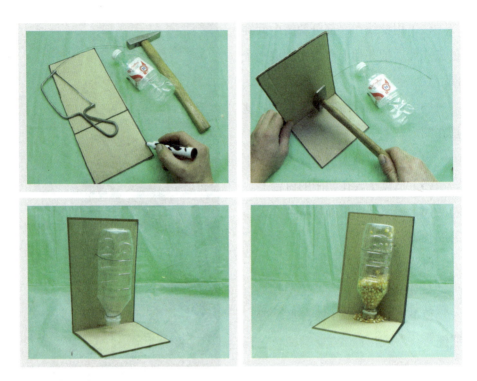

　　甚至挨饿受冻，人类本应在这时帮助它们。但是，有些鸟害怕接近人，怕人类伤害他们。如果我们把鸟食任意撒在地上，又恐被冰雪覆盖。最好的办法就是制作一个小鸟喂食器，让小鸟自由自在地取食。

　　◎ 准备

　　饮料瓶、木板、铁丝、铁钉、谷物、锯、锤子、笔、胶水

　　◎ 制作过程

　　（1）在木板上画出一个长方形和一个正方形。

　　（2）用锯把木板锯开，并用胶和钉子把木板固定成L形。

　　（3）用铁丝把饮料瓶倒着固定在木板的直立一侧，注意固定时一定要让瓶口和底板留有一定间隙。

　　（4）然后，在瓶子里装上谷物，把这个喂食器固定在树干上，小鸟就会自己来觅食了。

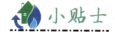 小贴士

鸟类的食物

世界上大约有鸟类 9 000 多种，它们生活在不同的环境里，因此各种鸟类都有着它们的各自生活习性和形态特征，这就形成了它们食性的不同。

在鸟类的大家庭中，植食性的鸟类和杂食性的鸟类当然居多数。因为，我们这个世界上植物性食物太丰富了，因此植物性食物是食物链的基础，是生态金字塔的最底端。

植食性鸟类往往也杂食，兼食虫类，单纯的植食性鸟类是较少的。可以说植食性鸟类中，山雀、麻雀、喜鹊等都是杂食性鸟类，麻雀不只偷食农作物的种子，喜鹊也不只吃田里的瓜果，它们对田里的害虫也毫不客气，是灭虫的好手。

游禽、涉禽大都是食肉性鸟类，它们在水中或在岸边捕食鱼类等生物。大型的猛禽鸟类都是捕食其他动物为食。猫头鹰就是专门捕食鼠类的鸟类，啄木鸟专门捕食危害森林树木的害虫。

冬季里的鸟类因为气温的变化食物极其缺乏，寒冷的河水结了厚厚的冰，山野被冰雪覆盖，昆虫、植物的种子都被枯叶或是冰雪覆盖，因此许多鸟类没有食物可寻。有的候鸟飞向南方以寻求生存，有些留鸟在北方常因食物缺乏、气候寒冷而毙

命。有许多爱鸟人士都在冬季为鸟类投食，以帮助鸟类度过冬季。

消灭害虫的勇士

鸟类的食性复杂，生活方式多样，栖息在各种生态环境中，是维护自然界生态平衡的重要因素。对人类利益而言，它们是整个动物界中益处较大而害处极小的类群。

鸟类最明显的益处就是消灭害虫。鸟类多数以昆虫为食，是农田、果园中多种害虫的天敌和克星。一只白脸山雀的幼鸟每天可啄食松毛虫1 800条，吃飞蛾30只；欧洲的粉红掠鸟还能够追踪蝗虫沿途啄食。有人计算过，1 000只紫翅掠鸟在繁殖期间能消灭22吨蝗虫。自然界中的食虫鸟成千上万，所捕食的昆虫千差万别，在消灭害虫方面的作用的确是难以估计的。

鸟类在消灭有害动物方面的功绩也不小，特别是猫头鹰和鹰等猛禽，大多以老鼠等啮齿类动物为食，对控制农业、林业鼠害以及危险疫病的传播，有着重要的贡献。猫头鹰的食物中99%是啮齿类动物，一只猫头鹰一个夏季所消灭的老鼠，相当于保护了一吨粮食。

相关链接

无土栽培和工厂化农业

无土栽培已有100多年的历史，19世纪德国人沙克斯和克鲁普，受无土的种子能在湿润的条件下发芽的启示，自1965年开始实验，用磷、钾、钙、镁、硫等配制营养液培植植物。到了1920年，人们了解了植物生长需要的微量元素后，植物的培养液才标准化。

1929年，美国加利福尼亚大学教授格里克用水培法培植了一棵高7米多的西红柿树，结果14千克。1938年，法国的汉普和特鲁法特发表了他们用泥炭作基质的成果，西红柿在这种基质的培养下，经过110天，高达4米，每株结果2.9千克。

二战期间，格里克教授在一个荒岛上为军队建立了一个生产蔬菜的水培种植场为伤员生产蔬菜。此后，无土栽培法由美国传到了欧洲、日本及世界各地。南非在1973年已建立2 000个生产青饲料的无土栽培农场，美国有更多的无土栽培场，甚至有50%的家庭在家里用无土栽培法生产自己食用的蔬菜。

农业生产一直以来离不开土壤，种植的蔬菜瓜果成为净菜都需经过挑选清洗包装的环节，而采用新型的雾培技术，采收后即可包装成净菜销售，下厨前只需简单的漂洗即可。这种栽培模式种植的蔬菜大肠杆菌也不会超标，农药残留完全可以规避，只需栽培环节做好严格控制，基本可以实现免农药生产。这种生产模式是未来蔬菜走向工业标准化最为可行的方式，随着进一步发展很容易实现无人化耕作，通过基地的工厂化设计及定位栽培实施，配合智能机器人，完全可取代农耕的劳动力投入问题，所以它是代表未来方向

的一种新型农耕模式。雾培方式生产的蔬菜产品矿物质及维生素含量大大超过土耕产品，也是未来健康营养型蔬菜生产的主要模式。它节省土地，充分利用空间，节省淡水，实现循环

零排放管理，具有投入比传统方式少，效率效益高的优势，是当前世界上任何一种耕作模式都无法比拟的优势科技。它技术简单、环节少，就算是根本没有农耕经验与农业知识的人也可以管理操作，是城市人群投资农业的首选。

无土栽培中营养液成分易于控制，而且可以随时调节，在光照、温度适宜而没有土壤的地方，如沙漠、海滩、荒岛，只要有一定量的淡水供应，便可进行。

67岁的美国人迪克森·戴波米亚博士一直致力于在城市建农场的研究。他认为，未来人们可以在城市建立"高层都市农场"即"垂直农场"。据悉，"垂直农场"是一种无污染、无寄生虫和各类危险细菌的可控环境，可常年生产农作物、家禽和各种鱼类。

戴波米亚博士从6年前开始的这项研究，是在现有的温室耕作技术基础上设计的。"垂直农场"主要能源来自太阳能板吸收的太阳能。楼顶还安装风力螺旋叶，像风车那样，为大楼提供风能。整座大楼玻璃面板由钛氧化物建造，能收集污染物。雨水是它的最好清洁剂，下面的水槽收集雨水，进行过滤。每层楼的天花板上安装有土壤水分蒸发恢复系统，冷冻的流动液体能吸收植物蒸发的水蒸汽，有机废料可进行沼气发电，控制室负责控制整座大楼的运作。

"垂直农场"是个自循环体系，整体就像一棵巨大的植物一样，进行光合作用、吸收温室气体、排放氧气、净化污水、生产出谷物和蔬菜。

专家们认为，为了最大限度地改善环境、节约能源，"垂直农场"应建设在城市里或城市近郊。这样，农作物可以直接利用来自城市的有机垃圾和不含化学物的生活废水。同时，又省却了农作物的贮藏和运输过程，城市居民可以直接吃到新鲜的农作物。

想象一下，在纽约的闹市中，竖立着一座座30层高的大厦，它们不仅是水果、蔬菜和谷物的生产基地，更能清洁能源和净化废水。在"垂直农场"，可以建立池塘，养殖各种鱼类，利用小围养殖家禽；利用无土方法种植各种植物，将植物悬置在水中或者其他溶液中；利用太阳光来生产热量和发电，以便昼夜不停地使植物的生长条件达到最优化。戴波米亚说："就热量和水资源这两个因素而言，我们再也不会受大自然变幻无常的气候所困扰了。"

自古以来，农业生产就是靠天吃饭，按季节生产。但是，研究人员研制的"垂直农场"，这里无论什么季节，都可以全年365天不间断地种植、收割，其产量是普通农场的300多倍，不但能够解决人们的吃饭问题，还可以为都市提供源源不断的氧气和清洁水源。

冬季 DONG JI
里的安全保健知识
I DE AN QUAN BAO JIAN ZHI SHI

　　寒冷的冬天，白雪皑皑、天寒地冻，冰雪世界无限风光，可是冰雪除了给我们带来无限遐想和欢乐外，也给我们的生活带来不少的麻烦。寒冷的冬天会给人类的生产、生活带来许多不便和困难，甚至引发自然灾害。

　　不过，由于人类的进化、科学技术的进步、社会的发展，我们已经能自如地抵御寒冬冰雪。人类从赤身裸体到披挂植物叶、茎和兽皮，再到缝制棉、丝、皮衣和现代各种御寒服装，以保护自己不被冻伤。人类从采食野果、狩猎鱼兽，直到耕种、收获、储藏食物，以保证寒冬的生活不受更大的影响。人类从烤火取暖到用火炉、火炕取暖，直到现代集中供热、空调等，以保证自己舒适的生活环境。这一切都可看出，人类社会是一步一步在向前行走的，无论任何困难都无法阻挡人类前行的脚步。

冬天的出行安全

冬天里，暴风雪会给畜牧业带来冻害，冻死、冻伤畜禽，造成畜牧业的损失。不仅如此，冬天的路面往往覆盖了冰雪，给行人和车辆的行驶带来诸多不便，路面光滑，人在冰雪的路面上行走，极易滑倒摔伤，造成骨折。人们为了减少摔伤，选择雪地防滑靴就是为了应对冬天的冰雪路面。因为雪地防滑靴的鞋底有增加摩擦力的花纹，这就能增加鞋底与湿滑路面的摩擦力，减少摔倒的几率，防滑鞋的特殊材料，又使得鞋子耐磨、防水、保暖，所以在冰雪天里穿上防滑鞋确实是不错的选择。

汽车行驶在冰雪路面上，如同人在溜冰一样，行进中的车辆想刹车也十分困难，即使刹车，汽车也会缓缓向前滑动一段路程才会停下来，甚至会撞上前边的行人或车辆，真是太危险了！因此，冬季出行时要特别注意交通安全，千万不能与其他车辆抢行。

暴风雪会使铁路、机场的跑道、高速公路被大雪覆盖，使铁路列车晚

点，机场航班延误，高速公
路关闭，严重影响正常交
通。为了尽快恢复交通，为
出行提供方便，研究人员发
明了一系列的清除冰雪的机
械，以最高的效率、最快的
速度清除冰雪。

冰雪会给公路、铁路、民
航等交通带来不便，而交通的
网络像人的大动脉，不能中
断。为此，人们必须及时清除
冰雪。而密如蛛网的公路，只
靠人工来清除冰雪是很困难
的，劳动强度大，耗费时间
长，所以必须采取机械化的方
法清除冰雪。

大雪过后清雪机械纷纷
出动，立即清除机场跑道上
的积雪，使机场跑道上的飞
机自由起降；在高速公路
上，在城市的道路上，清雪
车穿梭不已，清除道路上的
积雪，利于车辆通行。

为了清除输电线路和通讯线路上的冰雪，人们用直升机，沿着线路飞
行，直升机旋翼产生的风就会将附着在电线上的积雪吹掉。

为了及时清除飞机机身上的冰雪，机场的地勤人员会用清雪车及时清
除机身上的冰雪，以保证飞机在飞行中的安全。

使用融雪剂的利弊

北方冬季时常大雪纷飞，一场大雪过后，城市的街路很快就会被大雪覆盖，严重地影响了城市的交通，为了尽快地恢复城市的交通，十几年前我国一些城市采取了撒融雪剂的办法，以尽快地使雪融化，但这种方法引起了人们的质疑。

科学家们发现，水的熔点会因盐类增加而降低，也就是含盐的水结冰的温度会减低，这就是海水都是在零下几度时才会结冰的道理，而不含盐的水只要到零度就会结冰。用这个原理，人们想到了向雪中撒盐的办法使雪尽快融化。

这个方法促进了清雪的速度，但给城市的绿色生命带来了不安全因素。融雪剂中含有的氯化钠、氯化钙等盐类物质，它们会同融化的雪水渗入地下，污染地下水、造成植被死亡。融雪剂中的盐分在土壤中的降解时间长达十多年，补种的植物也难以存活。盐类也会损伤路面，使道路的使

<<<

用寿命缩短，撒过盐的路面上都印有白霜样的印迹，这就是没有融化的盐留下的痕迹，这种盐渍很难清除，甚至会一直渗入到路面内部。

含融雪剂的雪渗透性很强，容易随着水、土壤而渗透到地下，造成地下水污染。同时还会对道路及路基造成破坏，给道路维修加大难度。

另外融雪剂也会对车辆造成损害，车辆在撒过融雪剂的道路上行驶过后不能及时地清除黏附在底盘上的残雪，粘有融雪剂的残雪就会锈蚀金属制作的底盘，导致底盘生锈。长时间腐蚀则容易造成底盘损坏，还会使轮胎氧化、出现裂纹，缩短轮胎的使用寿命。

欧美一些国家也曾在许多年前使用融雪剂，后因危害大面积爆发，为此付出了沉重的代价。从此发达国家开始采取措施，逐渐限制使用氯盐融雪剂。

美国的一些州已彻底禁用氯盐类融雪剂。英国在城市路桥旁，铺设专用管道，收集融雪后的盐水，最终引流到污水处理厂。俄罗斯莫斯科市政府也在市区内建立了多个积雪处理厂，就近将积雪融化、过滤，无害化处理后再排入污水管道。

冬天预防冻伤和皮肤干裂

　　手脚和耳朵经常裸露在外，而手脚和耳朵的血液又相对流动较慢，所以在冬季手脚和耳朵极其容易冻伤。另外，人体会感觉冷，为了保持体温，汗腺、皮脂腺都会收缩，以防过分散失热量。汗腺、皮脂腺由于受收缩的影响，因而减少了排汗、皮脂腺的排放量，加之空气干燥，皮肤也就极易干燥，干燥的皮肤极易裂口。特别是人的手背、脚跟等部位，本来汗腺、皮脂腺就分布得较少，所以这些部位更容易干裂，也因此极容易发生冻疮。

　　冬季只要注意以下几点就可以预防冻伤和皮肤干裂：

　　冬天要坚持体育锻炼，以增强身体抵御寒冷的能力。注意个人卫生，保持皮肤干净，勤洗手、洗脚、洗澡。及时诊治皮肤病、保持皮肤健康。在寒冷的室内或室外时，注意保暖，如戴手套、穿合适的棉鞋、要带好围巾、帽子。在寒冷的室内或室外活动时间不易过长，活动期间要经常跺跺脚、搓搓手、脸、耳朵。可在脸上、耳朵、手脚部位擦点甘油护肤霜，以湿润皮肤，防止干裂。

预防冬季流行感冒

人们通常把流行性感冒简称"流感"。"流感"是冬季流行的一种由病毒引起的上呼吸道传染病。

流感病毒是裸眼看不见的、很小的生命，只有在高倍显微镜下才能看到它们的模样，这种使人致病的病毒有好多种。

流感病毒在空气中游荡，随空气进入人的鼻腔或口腔，再进入呼吸道，在那里它们进行快速繁殖，如果你身体免疫力较弱就会感染上流感。

患了流感就会发生鼻塞、打喷嚏、咳嗽、浑身不适、甚至头痛、发烧；严重了会并发哮喘、支气管炎、肺炎或其他病症。如果做到以下几点，就可减少流感的发生几率：

（1）随时注意天气变化，适当增减衣物，以免着凉。

（2）注意室内卫生、经常开窗通风，以提高室内空气的新鲜度，减少空气中病菌、病毒的密度。

（3）注意饮食，不要偏食，以保证进食的营养均衡，增强体质，增强免疫能力。

（4）注意锻炼身体，提高人体适应环境、抵御寒冷的能力，特别是儿童、老年人要

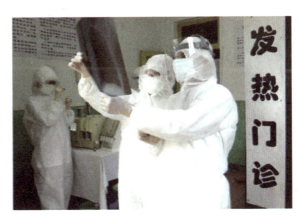

适当进行户外锻炼，以增加呼吸新鲜空气的机会。

（5）注意休息、保证充足的睡眠，以保持精力旺盛、精神愉快，切忌过度疲劳。

（6）减少到公共场合的机会，特别是人群密集的商场。

（7）儿童或老年人、体质较弱人群也可以注射流感疫苗，但是千万不要忘记流感疫苗也不是绝对保险的，因为流感病毒的种类很多，疫苗不可能对所有的流感病毒都有免疫作用，而且流感病毒也在不断地进化、变异。

据统计，成年人每年可能患3—4次感冒，儿童可能多达6次以上。据世卫组织统计，全世界约有200万以上的人死于感冒。

2003年12月美国发生了30多年以来最严重的流感爆发，有45个州发生了流感大面积流行，有40多名儿童死于流感。

患了流感会给人的健康带来损害，特别是老年人和儿童，甚至会引起其他严重的并发症。因此医生建议我们要及时预防感冒，一旦得了流感，要多休息，及时到医院就诊、吃药打针，才能尽快恢复健康。

冬季的体育锻炼

人体为了抵御寒冷，需要在体内储存更多的营养，于是人的胃口好，消化系统也比较活跃，便摄取大量食物中的营养，使人慢慢地微胖起来。

在千里冰封、万里雪飘的北方以及在遥远的地球北极，人们能够在零下三四十摄氏度的野外捕鱼、打猎、正常生活而不发生冻伤。再看看那些在室内或温暖环境中工作的人们，稍微暴露于低温条件或寒冷环境，就会感冒、发烧甚至发生冻疮，这是为什么呢？原来，人和动物一样，对周围环境都有一定的适应能力，其中就包括"冷适应"。所谓冷适应，是指机体在长期的寒冷刺激下所产生的一系列生理、生化反应，使之得以应对外界的寒冷环境。怎样才能提高机体的冷适应能力呢？答案很简单，要想增强身体的抗寒能力，首先就要勇敢地去接触寒冷。冬季到户外参加体育锻炼就是接触寒冷的最好办法。事实证

明，经常在寒冷的天气里参加体育锻炼，身体不停地受到寒冷空气的刺激，肌肉、血管不停地收缩，能够促使心跳加快，呼吸加深，体内新陈代谢加速，身体热量增加，进而提高机体的抗寒能力。据测定，经常在冬季有意识地进行锻炼的人，比一般人的抗寒能力要高十倍。

当然，冬季进行体育锻炼一定要注意相应的问题。如：不要在汽车来往频繁的道路上运动，以免发生危险；运动量宜由小到大，使机体各组织器官有一个逐渐适应的过程；在开始运动前，要做好充分的准备活动，以免肌肉、韧带拉伤；运动换气，应该采用鼻呼吸或鼻吸口呼的方式，避免冷空气对人体呼吸道的直接刺激；不要在冬雾里及烟雾缭绕的庭院或胡同内锻炼；坚持冬跑的人，要注意路面的情况，防止被积雪坚冰滑倒、摔伤。冬季户外体育锻炼的项目很多，有冰上运动、雪上运动、跑步、球类、冬泳、跳绳、踢毽子等等，当然还有放风筝、冰上陀螺、冰雪游戏等。

电热水壶烧热水对健康最有益

冬季一到，人们喝热水的频率也大大增加了。现代家电种类繁多，因此烧热水的途径也增加了。但据专家介绍，喝热水最健康的方法还是用传统的电热水壶来烧热水。

饮水机所烧的桶装纯净水虽然在之前的处理程序中已将杂质和污染物除掉，但与此同时水中对人体有益的微量元素和矿物质也同时被除去，因此不适宜作为饮用水长期饮用。若是质量不好的桶装水，即使经过饮水机的加热，其中的细菌也很难被完全除去，水质难以保障。饮水机的水在每次更换时都会有一部分水残留在水槽中，烧热水的内胆由于清洗不方便，人们又难以直接观察，更是容易积累一层水垢挂在内胆上，长期饮用其中所烧的热水，会对人体产生不利。

不要食用被毒死的动物

我国北方的许多山林野郊，在冬天时有些动物会因寒冷被冻死，也有些违法之人非法捕猎野生动物。

其中最常见的是捕猎野兔、山鸡、铁雀（学名铁爪鹀）、麻雀等，并把猎物送到市场进行非法买卖。

其实，这些猎物有许多是用毒饵诱杀捕猎的，冬天大雪封盖了山野大地，这些动物很难寻到食物，当它们见到那些违法之人撒下的毒饵便不顾一切地大餐一顿，这种毒饵中就含有氰酸钾铝、呋喃丹等剧毒成分，当动物误食后毒性通过血液可以进入动物体内，毒药发作后他们就暴毙被捕获。

这种被毒饵药死的动物如果被人买回去，加工后食用的危害性是很大的，氰酸钾铝和水反应后的有毒物质可造成急性心肌梗塞。所以，不能买市场出售的野味，以防食用这些野味而发生食物中毒。

 花样不断翻新的保暖服装

北方的冬季气温极低，人们的服饰就是抵御风寒的甲胄了。随着科学的进步，人们的服饰抵御寒冷的功能不断提高，甚至为那些特殊工作在寒冷环境里的人们设计了特殊的服装，以保证他们正常的工作。

古代时，人们只能用自然的方法来抵御寒冷。在冬天人们要要穿上厚厚的棉衣或是穿着用动物皮毛制作的衣服、帽子，比如狗皮帽子、狐狸皮大衣等，以抵御严寒。这些用布、棉花、兽皮做的御寒服装有的看起来很漂亮，有的也确实很保暖，但御寒用的兽皮是有限的，不可能满足所有的保暖需求。随着科技的进步，畜牧业得到了极大的发展，毛线的产量大幅提高，棉花等产量不断刷新，于是出现了各种各样的保暖衣服和鞋子。

在当代，人们研究了保暖服装的材料、保暖的原理性能等，生产出的保暖服装就更是花样翻新，令人们眼花缭乱，其功能也比老式御寒服增强了不少，不但能保温，还能提高温度以补充不断散发的身体热量。

现在，人们早已不再大量穿着动物毛皮做的衣服了，有人还提出了只有野生动物才配穿毛皮的说法。人们研究出许多人造毛皮，人造的中空纤维，这些高科技的产品，比起天然的棉花、兽皮毫不逊色。棉花只是用棉花之间的空气阻断热量的散失，而中空的人造纤维，每一条纤维都有很高的保温性能。

要想提高服装的保温性，通常都是通过提高服装材料结构的蓬松度，即增加服装材料的空气含量而达到保暖的目的。当然，只追求服装材料的蓬松度还是不够的，还必须有一定的厚度，以保证纤维和空气的绝对含量，否则很薄的材料也很难达到良好的保暖性。

人们发现，服装材料是决定服装保温性能的主体，服装的保温性能是一种或几种纤维与空气的高度集合体，其保暖性实际上就是这个集合体的综合热阻，而这个热阻又取决于材料的导热率，导热率越低，热阻越高，保暖性也就越好。

于是，美国杜邦公司的研究人员，研究了一种 Thermolite 纤维。它是仿造北极熊的绒毛生产出的一种中空纤维，据称其保温性能特别优异。每根纤维都含有更多空气，形成一道空气保护层，既可防止冷空气进入，又能排出湿气。使穿着者的身体保持温暖、干爽、舒适、轻盈。这种被称为生态纤维制作的面料其干燥速率是丝和棉面料的两倍左右，适合于制作登山服、滑雪衫、睡袋等。

新奇的取暖家电随时随地给你温暖

电暖器、空调，都是常见的取暖家电，这些固定的大型的取暖家电给人们带来了温暖。但有时人们需要一些随时可提供热量的设备，这就出现了一些便捷式的小型家用取暖电器。

取暖加湿一体的暖气片、智能舒适的电热床垫、恒温宝、USB 温暖靠背垫……随时随地给你更多温暖和体贴。

取暖加湿一体暖气片是一个唯美温馨的树形图案暖气片，中间突出来的一块像鸟巢一样的装置里面放的几个"蛋"其实是个加湿器。

智能取暖床垫里面的电线是根本看不出来的，产品本身自动恒

温，一直保持让人体舒适的温度。除此之外，它还是一个聪明的家伙，在使用十小时后自动断电，以保证安全。

"恒温宝"产品适用于大部分茶杯和咖啡杯等，可以为婴儿的奶水保温，还可以加热咖啡、茶水、饮料等，仅11瓦功率非常省电。

冬天上网的时候，时间久了冻得连鼠标都拿不稳了，想必大家都深有体会。USB供电取暖的靠背垫，其小巧的造型可以放在任何地方。而且USB连接线有1.5米长，可以很轻松地放在身体的任何地方。而且这款产品方便拆卸，靠背垫最外层可以进行清洗。

暖风机可以说是最轻巧便利的供暖产品。由于凭借强制对流式暖风，暖风机可迅速提高室温。随着技术的发展，微电脑控制的暖风机产品越来越多。暖风机产品不仅可以提供暖风，还能提供加湿、凉风、空气净化等功能，部分产品还能防水，因此特别适合浴室使用。款式上有台地式、壁挂式，使用起来非常灵活方便。还有的暖风机具有手动、自动双重摆动，可变向送风，在洗浴完毕后可以利用这一功能将卫生间迅速除湿。

当心紫外线伤害眼睛

大雪过后，世界一片银白。地面的积雪像一面反光镜，当太阳出来时，这面积雪形成的"镜子"具有强烈的反射作用，它把太阳光反射出去，太阳光中的紫外线也同时被反射。所以，我们感觉雪后的阳光特别刺眼。

人的眼睛在受到紫外线伤害时，会出现流泪、视物不清、甚至疼痛充血，这就是患了雪盲症。

雪盲症，是一种由于眼睛视网膜受到强光刺激引起暂时性失明的一种症状。雪地对日光的反射率极高，可达到将近95%，直视雪地正如同直视阳光，由于这种症状常在登高山、雪地和极地探险者身上发生，因此被称作雪盲症。未配戴保护装置的焊接工人身上，也可能产生类似的症状。在雪中活动时间过长，也会因紫外线的伤害患上雪盲症。

在高山冰川积雪地区活动的登山运动员和科学考察队员，稍不注意，忘记了戴墨镜，就会被积雪的反光刺痛眼睛，甚至暂时失明。一般休息数天后，视力会自然恢复。得过雪盲症的人，如不注意保护双眼会再次患病，再次得雪盲症的症状会更加严重，所以切不能马虎大意。多次患雪盲

症会逐渐使人视力衰弱，引起长期眼疾，严重时甚至会永远失明。

雪盲症的罪魁祸首就是积雪对太阳光很高的反射率。所谓反射率，是指任何物体表面反射阳光的能力。这种反射能力通常用百分数来表示。比如说某物体的反射率是45%，也就是说，此物体表面所接受到的太阳辐射中，有45%被反射了出去。雪的反射率极高，纯洁雪面的反射率能高到95%，换句话说，太阳辐射的95%被雪面反射出去了。这时候的雪面，光亮程度几乎要接近太阳光了，视网膜无法经受强光的刺激，因而受到伤害。

在南极辽阔无垠的雪原上，有些地方的积雪表面，微微下洼，好象探照灯的凹面。在这样的地方，就有可能出现白光。出现白光的雪面，当然要比普通雪面所反射的阳光更集中更强烈了。在一般情况下，雪面并不像镜子那样直接把太阳光反射到人的眼睛里，而是通过雪面的散射刺激眼睛的。人眼在较长时间受到这种散射光的刺激后，也会得雪盲症。因此，有时候即使是在阴天，不戴墨镜在积雪地上活动久了的人，眼睛也会出现暂时失明。

预防雪盲症可以配戴防紫外线的太阳眼镜、选用聚碳酸酯透镜或蛙镜式的全罩式灰色眼镜，并补充维生素A、维生素B群、维生素C和维生素E等。

若是发生了雪盲症的症状可以用眼罩、干净的纱布覆盖眼睛，不要勉

强用眼，并尽快就医。

注意防止冬季溺水

　　冬季也会极易发生溺水的安全事故，其原因是由于冬天水面都会因寒冷而结冰，几乎在寒冷的北方很难找到一泓池水，到处都是一片冰雪世界。

　　可是冰面并不是地面，而是水面上浮着一层相对厚一些的冰，当冰层发生断裂时，就极可能发生溺水事件。

　　初冬季节，即使江河湖沼已经结冰，但是由于时间短，冰层很薄，极易随温度升高而融化，同时也因冰薄易碎裂而承重能力极差，所以这时不能在江河湖沼上行走或玩耍，几乎每年都发生因冰层破裂，而使人、车坠入水中，甚至造成人员溺水伤亡的事件。

　　即使在寒冬之日，也不能在不明情况的冰面玩耍或行走，因为那些冰面有时因为某种原因会被人凿出冰洞或取冰或钓鱼、捕鱼等，短时间内，冰洞又会重新封冻，但是，这时冰洞的冰层是很薄的，当你一踩上去，冰层会立即碎裂，便极易发生落入水中而溺水的事件。

动手 DIY

🌀 自制芦荟润肤面膜 🌀

芦荟含有丰富的天然维生素E、C、A及B族维生素、矿物元素、氨基酸等，这些都是保持人体青春常在的基本营养素。另外，芦荟多糖、酚类化合物等，这些都是其所特有的美容护肤成份。

自己动手制作的润肤面膜是令人放心的产品，这种产品不会添加任何添加剂，这种纯天然的面膜既安全，又可让我们体会动手制作的乐趣。

◎ **准备**

芦荟叶250克、黄瓜1条、鸡蛋1个、纱布、碗、面粉和砂糖

◎ **过程**

（1）将芦荟叶片、黄瓜洗净分别弄碎，用纱布取汁；

<<<

（2）将鸡蛋打到碗内，再放入一小匙芦荟汁，3小匙黄瓜汁；2小匙砂糖并充分搅拌混合；

（3）加入5小匙左右的面粉，调成膏状即可；

（4）将润肤面膜均匀地涂抹在整个面部，使面部肌肉保持不动，约40到50分钟后，用温水洗脸，每周坚持1到2次。

提取马铃薯淀粉的实验

马铃薯是日常生活的主要食物之一，马铃薯富含淀粉，而淀粉又是我们维持生命的主要营养来源，因而马铃薯受到世界各国人民的欢迎。冬季是人们喜爱吃马铃薯的季节，让我们做一个提取马铃薯淀粉的实验，认真地了解一下这个我们熟悉的植物。

◎ **准备**

马铃薯、刀、水、过滤纱布、漏斗、玻璃杯

◎ **过程**

（1）把马铃薯洗净、削皮，切成碎末，放入水中浸泡20分

钟。

（2）把过滤纱布放进漏斗里，将浸泡有马铃薯碎末的汁液倒入漏斗中过滤，等从漏斗里漏下去的汁液漏进杯子后，除去汁液中的残渣。

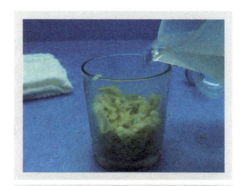

（3）将过滤后的汁液静置10分钟，使其淀粉沉淀，然后，将上面的水轻轻倒出。

◎ 柯博士告诉你

马铃薯含有丰富的淀粉，把马铃薯切碎后泡在水里，淀粉就会从马铃薯碎块中析出，溶解到水中。沉淀后，淀粉会沉入水底。

◎ 拓展与延伸

做马铃薯羹

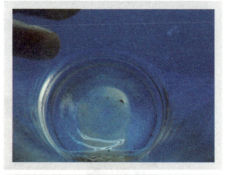

制作过程：

在做好的马铃薯淀粉中加入清水，并用筷子搅动成乳状汁液，加一点果汁或蔬菜汁，使淀粉汁液有你喜欢的颜色。

把淀粉汁液倒入小锅内放到炉火上加热，一边加热一边搅拌，防止锅底焦糊。

注意：

1. 注意用火安全、使用刀具的安全。

2. 如果用电动粉碎机、手摇绞肉机加工马铃薯则会更省力，机械会提高劳动效率。

3. 羹里可配制各种颜色、不同风味的果汁、蔬菜汁，那样的马铃薯羹的颜色、口味会更好。

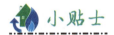

淀　粉

　　淀粉是由许多葡萄糖分子缩合而成的物质。它存在于许多植物的果实、根、茎之中。我们吃的粮食，如：玉米、小麦等谷物里都含有大量的淀粉。马铃薯、地瓜中也含有大量的淀粉。人们通常用玉米、马铃薯、地瓜提取淀粉，并把淀粉做成粉条或各种食品及食品的添加剂，淀粉还能在制药、造酒、纺织等许多方面大显身手，或作为主要原料，或作为添加剂使用。

适合 SHI HE

冬季的活动

DONG JI DE HUO DONG

　　冬季是一个美丽的季节，冬季又是一个寒冷的季节。在漫长的冬季里，人们会渡过很特别的一段时光。在这段时光里，会有白雪陪伴我们，还会渡过元旦、除夕这样有特色的节日，真是丰富多彩的一段时光。

　　在寒冷的冬季要适当做一些室外活动，当然主要活动还是要在室内进行的。冬季适合在室内做的活动有很多，例如，读书、看报、进行科学小制作、小发明等，既可以避免寒冷，又可以增长知识并锻炼动手动脑的能力。

观察与调查

玩具与游戏

游戏陪伴人类一生

人类是生命群中的智慧生物，是从远古的高等动物群中进化而来的。因此，许多哺乳动物的特征在人身上仍有烙印。其中，喜欢游戏的特征就保留至今。

有人说：游戏是儿童的天性。这句话的确具有一定的科学意义，但并不是完善的。其实，何止是儿童喜欢游戏，说游戏是人类的天性或许更确切些。

人类的游戏有别于动物的游戏，人类用智慧创造了各种游戏活动，其中可分为儿童游戏、青少年游戏、成年游戏、老年游戏，这些游戏构成了人类一生的游戏过程。

游戏是一种娱乐和玩耍的形式，游戏在有学习的功能的同时还具有锻炼身心、启迪智慧、交流情感的功能。

小朋友们特别喜欢游戏活动，在幼儿园时，他们天天都在做游戏，他们在游戏中进行学习，在这个年龄段

游戏是儿童学习的主要载体，他们是通过游戏去学习生活、锻炼生活的技能和习惯的，这有点像幼小的高等动物一样，通过游戏学习生存本领。不过人类的生存本领在幼小阶段只是打基础而已，而最终的生存本领是要靠终身的学习得来的。

人类进入义务教育阶段后，游戏仍然会占有相当地位，一些体育、音乐及许多活动课程中游戏仍然是主要的部分。例如，体育课、音乐课、数学课、语文课等课堂上都有游戏活动。

可以肯定，在校园里游戏伴随着青少年度过，尽管现在的许多学校并不重视学生的游戏活动，但游戏仍然在校园的各个角落里存在。甚至在大学里也不都是在读书，一些适合的游戏也在悄然进行。网络游戏、手机游戏就是其中一个代表，当然不止这些。

以休闲、娱乐为目的的成年人、老年人的游戏也充斥着各个角落，各种活动可以说是星罗棋布。即使在家庭中，网络游戏也是青年、中年人的主要爱好。

不过在人类的原始社会、农耕社会中，人们为了生存，不可能有游戏的时间，而几乎所有的时间都是为了生存而忙碌，所以在那个时代，人们把游戏活动和劳动、宗教活动等不自觉地混在一起了。但是这一历史阶段，儿童游戏还是独立存在的，因为儿童并不能独立去谋生存，他们还在成长阶段，还在认识世界、学习本领阶段。这种现象已在古埃及的出土文物中被发现，考古学者们发现了古埃及的出土文物中竟然有儿童陶器玩具。

农耕社会有少数人有了闲暇时间，这时的文化发展又取得了较大进步，

出现了成人玩具。比如，各种棋牌、中国的风筝等，并不断地得到推广。

当今的社会，生产力水平有了更大的提高，社会民众的闲暇时间更加充分，人们的游戏方法、玩具都注入了科技元素，使得人们的游戏呈多元化。

而那些传统的游戏不断被人们所淘汰，玩具也被送进历史博物馆。现在最为流行的玩具是层出不穷的电子游戏，手机游戏等。遗憾的是，这些游戏虽可以传播知识，富有兴趣，但是也有不可弥补的缺欠，负面因素往往给人带来许多不利，特别是对青少年更为不利。

美国多所大学的研究人员发现，玩电子游戏可以改善人类的大脑功能，不仅可以提升创造力、决策力和认知力，还能够增强外科医生的手眼协调性以及司机的夜间驾驶能力。

一项研究显示，在不丧失准确度的情况下，玩动作类电子游戏的人决策速度比其他人快25%。另外一项研究显示，最熟练的游戏玩家每秒钟最快可以做出6次选择并付诸实施，速度是普通人的4倍。而美国罗彻斯特大学的研究人员则表示，熟练的游戏玩家还可以同时关注6件事情而不至于混淆，多数人只能同时关注4件事情。

但电子游戏也有坏处。根据美国印第安纳大学最新发布的报告，大脑扫描显示，在玩了一周的暴力游戏后，健康男青年的大脑功能会被改变，在与情感控制相关的区域，功能会受到压制。其他研究还发现，过度游戏与超重、内向和抑郁倾向之间存在联系。

这些游戏趋于简单化，只要动脑用手按按钮就可以达到游戏的目的，但这种虚拟的玩具，并无法使人接触自然，不能动手动脑，不能健身又健脑。只能娱乐"心"，达到心情愉悦，而不能达到健身，而使身体也同时得到锻炼。

现实中不是有许多人因沉迷于网络游戏，而至视力下降吗，还有因沉迷于网络游戏而使身体肥胖吗，这就是网络游戏带来的负面影响。网络游戏还可能会传播不利于成长的价值观、道德观、行为、习惯等，甚至使许多人因为玩网络游戏而上瘾，染上不良的习惯而影响健康成长，甚至走向犯罪的道路。

冰雪运动和游戏

如今的电子游戏花样繁多，但是缺乏体能方面的锻炼，经常坐在室内不利于身体的健康，要做到室内外游戏适当结合，才能对身体的全面健康起到推动作用。

人们在冰雪的天地中感受了大自然的奇幻，逐渐地适应了寒冷的气候，同时也对自然美景赞叹不已。

在人类的上古时代，北欧的游牧民族就已经利用动物骨骼从事滑冰活

动。后来经芬兰游牧民族传入瑞典、丹麦、荷兰等地，那时冰雪就成为了人类的游戏目标。

大约在13世纪，英国的滑冰运动就已经非常盛行。在19世纪末，滑冰运动传入中国。

滑冰运动不仅能够增强人体的平衡能力、协调能力以及身体的柔韧性，同时还可增强人的心肺功能，提高有氧运动能力。它还能够有效地锻炼下肢力量，有很好的减肥效果。对于青少年来说，滑冰有助于孩子的小脑发育。穿上冰刀在冰面上尽情奔驰，豪情一番，不仅放松心情，更获得融入自然的乐趣。

越野滑雪是冰雪运动中比较古老的项目之一，它起源于北欧，又称北欧滑雪。历史上，滑雪在战争中起过重要作用。1206年，挪威内战期间，国王派遣了两名腿上绑着桦树皮（称"桦木腿"）的滑手，携带着两岁的王子哈康逊突围成功。以后哈康逊成了新国王，就在这条路上，每年举办一次越野滑雪赛来纪念这一事件。

1572年，荷兰与西班牙交战，一支舰队被封冻在江面上，荷兰士兵滑行于冰雪覆盖的江面，将不会滑雪和滑冰的西班牙军队打得落花流水。

19世纪末和20世纪初，一些冰雪运动如滑雪、滑雪橇、滑冰、冰球等项目在欧美国家逐渐得到普及和发展。1887年挪威成立了世界上第一个滑雪俱乐部。1890年加拿大成立了世界上第一个冰球协会。1892年国际滑冰联盟在荷兰成立。1893年，在阿姆斯特丹举行了首届男子速度滑冰锦标赛。1908年，法国成立了世界范围的国际冰球联合会。在冰雪运动日益普及的情况下，现代奥运会创始人顾拜旦建议单独举办冬季奥运会。1924年成功举办了世界第一届冬季奥林匹克运动会，从此冰雪活动在世界得到更广泛的传播。

冰雪天地气候寒冷，但是却为少年儿童提供了开展冰雪游戏的极好条件。在严寒的冬季参加户外的冰雪游戏是北方儿童的幸运机遇，在户外的冰雪游戏中，清新的空气，饶有兴趣的游戏，会给我们留下美好的童年记忆，会使我们的身体得到锻炼，有益于健康成长，会增强我们抗御寒冷的能力，增强抵御冬季流行病的能力。

游戏中的火花

有些人对游戏的认识总带有一些偏见，有许多人认为游戏都是小孩子的活动，甚至忽略了对游戏的研究和思考，有的家长或教师也忽略了对未成年人的游戏指导，还有的人认为游戏会浪费时间，消磨人的意志等。这些认识都是对游戏的认识偏激，过分强调了游戏的副作用。

其实游戏对人类来说是不可缺少的，更有一些游戏中爆出了耀人的火花。大多数人在游戏中得到了快乐，得到了积极的休息，也有的人在游戏中舒展了心身，还有的人在参加游戏中得到了启示等。

100多年前，美国人莱特兄弟，把他们自己发明制造的"飞行者1号"送上蓝天，兄弟二人的成就和游戏有一定的关系。

莱特兄弟在小时候天性聪颖，也特别喜欢游戏，他们特别喜欢摆弄机械和放风筝活动。这就使他们对飞上蓝天产生了浓厚的兴趣。

　　莱特兄弟的父亲也十分懂得他的孩子，更懂得孩子的游戏是开启智慧的钥匙。一天，他们的爸爸从外地回来，给他们俩带回一个玩具，这是一只用橡皮筋作动力，由木片和纸做为材料，并带有螺旋桨的飞机模型。莱特兄弟俩非常高兴，许多天里他们都在玩这架飞机模型，经常在草地上跑来跑去，上好橡皮筋波动螺旋桨，投掷飞机模型。飞机模型飞上天，他们俩就欢呼跳跃起来；模型飞机掉到地上摔坏了，他们就重新修好，再进行试飞。在他们玩弄模型飞机的活动中，幼小的心灵里萌生了飞上蓝天的梦想，经过努力，后来他们俩真的成为了发明飞机的大发明家。

　　世界上第一个听诊器的发明距今已有100多年的历史。19世纪的某一天，急驶而来的马车在法国巴黎一所豪华府邸门前停下，车上走下了著名医生雷内克，他是被请来给这里的贵族小姐看病的。

　　面容憔悴的小姐，坐在长靠椅上，紧皱着双眉，手捂胸口，看起来病得不轻。等小姐捂着胸口诉说病情后，雷奈克医生怀疑她得了心脏病。为了使诊断正确，最好是听听心音。

　　早在古希腊的《希波克拉底文集》中，就已记载了医生用耳贴近病人胸廓诊察心肺声音的诊断方法。雷奈克也从中获知这一听诊方法，平时常常用来诊察病人。

　　但是，当时的医生都是隔着一条毛巾用耳朵直接贴在病人身体的适当部位来诊断疾病，而这位病人是年轻的贵族小姐，这种方法明显是不合适的。

　　雷奈克医生在客厅一边踱步，一边想着能不能用新的方法来倾听小姐的心音。看到医生冥思苦想的样子，屋内的人也不敢随便走动和说话。

走着走着，雷奈克医生的脑海内突然浮现出前几天，他见到的一件事情。那是在巴黎的一条街道旁边，堆放着一堆修理房子用的木料。几个孩子在木料堆上玩儿，其中有个孩子用一颗铁钉敲击一根木料的一端，他让其他的孩子用耳朵贴在木料的另一端来听声音，他每敲一下，都会问："听到什么声音了？"

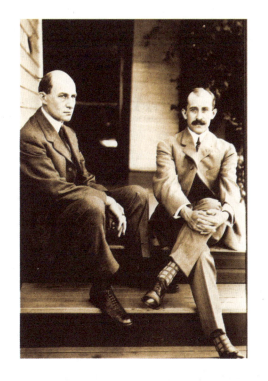

"听到了有趣的声音了"孩子们笑着回答。正在孩子们玩得兴高采烈的时候，雷奈克医生路过这里，他被孩子们的玩耍吸引住了，就停下脚步，仔细地看着孩子们玩儿。他站在那里看了很久，忽然兴致勃勃地走了过去问："孩子们，让我也来听听这声音行吗？"孩子们愉快地答应了。他把耳朵贴在木料的一端，认真地听孩子们用铁钉敲击木料的声音。"听到了吗？先生。""听到了，听到了！"

雷奈克医生灵机一动，马上叫人找来一张厚纸，将纸紧紧地卷成一个圆筒，一头按在小姐心脏的部位，另一头贴在自己的耳朵上。果然，小姐心脏跳动的声音连其中轻微的杂音都被雷内克医生听得一清二楚。他高兴极了，告诉小姐的病情已经确诊，并且一会儿可以开好药方。

雷奈克医生回家后，马上找人专门制作一根空心木管，为了便于携带，从中剖分为两段，有螺纹可以旋转连接，这就是第一个听诊器，它与现在产科用来听胎儿心音的单耳式木制听诊器很相似。因为这种听诊器样子像笛子，所以被称为"医生的笛子"。

后来，雷奈克医生又做了许多实验，最后确定，用喇叭形的象牙管接上橡皮管做成单管听诊器，效果更好。由于听诊器的发明，使得雷奈克能诊断出许多不同的胸腔疾病，他也被后人尊称为"胸腔医学之父"。

 动手DIY

制作冰陀螺

陀螺是一种很好的玩具，在北方的冬天里到冰面上玩一会陀螺是一件十分有趣的事。

◎ **准备**

水、废旧的饮料瓶、小木棍、线绳

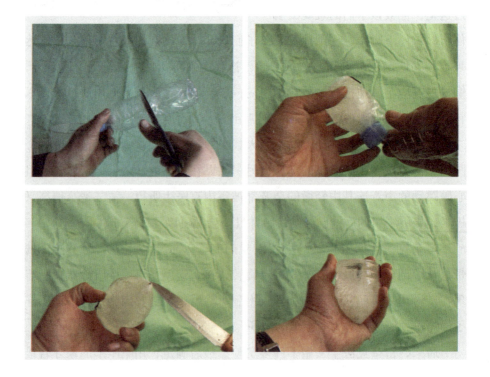

◎ 过程

（1）把废旧的饮料瓶上半部剪下，并盖上瓶盖，这就是一个陀螺模具。

（2）将模具里装满水，放在冰箱里，等完全结冰后再将其取出。取出模具后，将其放在热水里片刻，冰陀螺就会和模具脱离了。

（3）进行简单的修整，冰陀螺就做好了。

（4）用一根小木棍，一根线绳做一只小鞭子。用鞭子抽动冰陀螺，它就会在冰面上旋转。

七巧板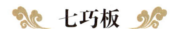

七巧板是一种有趣的智力游戏，它是把一个大的正方形分割成形状大小不同或相同的七块板。而这七块板可拼出千种以上不同的三角形、平行四边形、不规则多边形、各种人物、动物、桥、房、塔等等，也可以拼出中、英文字母。

◎ 准备

白板纸、笔、直尺、剪刀、广告色

◎ 过程

（1）在纸板上画出加工图。

（2）用剪刀按加工线剪下这7个图形。

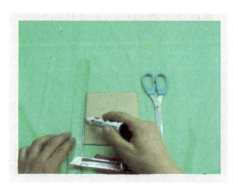
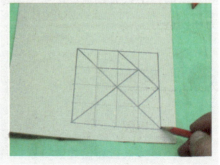

（3）用广告色涂上颜色。

（4）用七巧板摆一个图形吧。

◎ 柯博士告诉你

　　七巧板拼图是一个数学游戏，它是由若干个三角形、正方形、平行四边形组成，并在拼图中使图形变化多端。这个游戏是学习观察、思维、推理方法的一个具有创造性的学习游戏，通过这个游戏可以丰富我们的想象力和创造力。

 小贴士

七巧板

　　根据近代数学史家们的研究，七巧板始于明、清两代间，它

是由中国人所发明的；另有少许人士说七巧板已经发明1 000多年了。

七巧板本来的面目是"燕几图"，燕几的意思是招待客人宾宴用的案几。引发这个典故的人是北宋进士黄伯思，他先设计了六件长方形案几，于宴会时能视宾客多少适当调整位置，随后又增加一件小几，七件案几全拼在一起，会变成一个大长方形，分开组合可变化无穷，这已和现代七巧板相差无几了。

后来，明朝戈汕依照"燕几图"的原理，又设计了"蝶翅几"，由不同的三角形案几而组成的，拼在一起是一只蝴蝶展翅的形状，分开后则可拼出100多种图形。

现代的七巧板就是在"燕几图"与"蝶翅几"的基础上发展出来的。七巧板在明、清两代很快就传往日本和欧洲。1805年，欧洲的书目中已经收有介绍中国七巧板的书籍。七巧板的玩法简易，就是用七巧板内七块板拼出各种各样千变万化的图案。

七巧板以形状概念、视觉分辨、认知技巧、视觉记忆、手眼协调、鼓励开放、扩散思考、创作机会为其特色。可以帮助中小

学生学习基本逻辑关系和数学概念，可以帮助孩子认识各种几何图形、数字及认识周长和面积的意义。

❧ 制作九连环 ❧

◎ **准备**

金属丝（铁丝或铜丝）、小铁片、废旧小塑料球或木球、钳子、废电池或小圆柱体、电钻

◎ **过程**

（1）把金属丝缠绕在圆柱体上。

（2）用钳子把金属丝剪出长度一样的9段。

（3）把每一小段弯成一个直径3.5厘米的圆，并照此大小弯出9个。

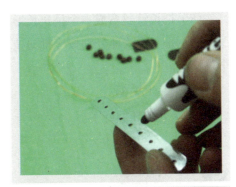

（4）把铁丝剪出9个等长为15厘米的小段，并把每一个小段的一段弯出一个直径1厘米的小环。

（5）把铁环插进小铁环之中。

（6）在小铁片上等距离画出9个点。

（7）在画好的点位上钻出9个孔。

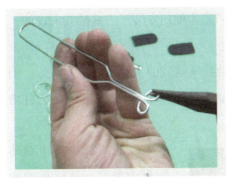

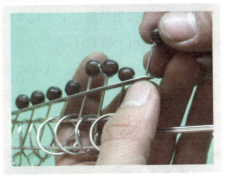

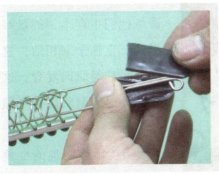

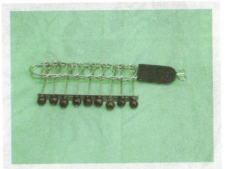

（8）把长铁丝弯成一个呈狭长形支架。

（9）把9个铁环分别按序插进支架，再将9个塑料小球分别插进每一个吊坏上。

（10）装上手柄。

（11）九连环做好了。

相关链接

高等动物的游戏活动

除人类以外，几乎所有高等生命都有游戏活动。我们最常见的是宠物狗、猫等动物的嬉戏活动，也常见到动物园里的一些动物在玩耍、嬉闹，特别是在动物园里的猴山上，饲养员们还为他门安装了一些游戏的设施，让猴子们在猴山上嬉戏打闹。

据动物学家多年观察，认为同类动物间嬉戏的主要目的就是锻炼，例如互相追逐的小狗，除了锻炼自己强健筋骨外，冲跑也增加了其耐力并增强了心脏功能。

混乱的嬉戏打斗对动物更为重要，这就是动物锻炼他们生存本领的最好形式。生物学家相信，这能加强神经肌肉发育，这一部分是大脑肌肉指令做什么的关键。

当生活在山地的巨角

塔尔羊的幼崽冲撞岩石地面时，大脑中的神经细胞便连成了一个网。这种网可以协调肌肉动作，使巨角塔尔羊仔安全地从陡峭的山岩上跳来跳去。还有恒河猴在玩耍时，懂得如何协调肌肉以顺利地抓着密林的树枝穿行而不滑落。另外，嬉戏中它们通常可模仿成年动物的活动和行为。生物学家们相信，动物的嬉戏不仅加强了必须合作才能生存的动物间的强大的社会纽带。如狼幼崽在一起玩耍，就意味着将来有一天它们在一起捕猎。

所有灵长类的动物都知道自己在群落中的地位，它们知道哪种动物强大，哪种弱小。这一点在年轻的河马身上也能得到证明，它们之间常彼此厮咬，以测试对方的力量。在嬉戏打斗中，动物都会注意不伤害对方：小熊在彼此打斗时，四个爪子都是收缩的；幼狐相互厮打，绝不会导致对方受伤。

在哺乳动物中的嬉戏打斗都有正式的邀请或信号。小狗在邀对方打斗嬉戏前，总是前爪伏地弓起身；小马则会突然跃起；黑猩猩会龇牙咧嘴；大熊猫则会突然翻跟斗。所有这些信号都是让对方知道，自己的目的不是想打架。动物在几岁后，就不再喜欢嬉戏打斗了，这一点取决于它们的发育和生长速度。一般来说雌性动物比雄性发育快，因此，雌性动物间的嬉戏通常在较早阶段便停止了，在人类社会也有同样的情况。

但是有些动物在整个生命过程中始终保持着这种嬉戏的可能性，如海豹、海狮爱玩球、圈或抛甩其他东西，成年水獭终生喜欢嬉戏打闹。人们利用这些动物的嬉戏特征训练他们，让他们在海洋公园里表演，以让大众了解动物，并取得娱乐人们身心的效果。

英国动物学家珍妮在古多尔历经十余载，通过对非洲热带丛林中黑猩猩的实地调查研究，他在《黑猩猩在召唤》一书中写到："年轻的黑猩猩大部分时间都花在游戏上。如果观察一下两至三岁的幼崽，它们除了游戏以外什么都不干……如果近处没有同伴，幼崽就会自己玩，它攀上树，从上面跳到下面的富有弹性的枝条上，然后返回或者跳到地上。不过，它们更喜欢结伴的游戏。它们围着树相互追逐，跳到树梢上，伸出一只手拉着树枝悬吊着，用另一只手友好地厮打，或者在地上愉快地游逛，咬着，吃着，或者互相呵痒。"

动物的这种嬉戏并没有明显的功利目的，但是他与运动系统和高级神经系统生命运动的内在功利目的相符，满足了动物本能的活动欲，同时也在游戏中锻炼了他们的生存能力。

历史悠久的玩具制造业

玩具的生产有着悠久的历史，是在人类生活生产中适时而出现的。

考古发现，距今约 5 000 多年的古埃及文物中已有粘土、木材、兽骨和象牙等材料制成的玩偶，儿童墓葬中有小型饮具和生活用具。这些都属儿童玩具，也就是说在古埃及时就有了玩具制造，不过这些玩具是个体的手工艺人所制造而已。

随着社会的进步，人们制造的玩具也开始注入了一些智力因素，人们发现的声学、光学、机械等初步物理原理也被融入到玩具的制造中，这体现了玩具益智的功能和玩具开发青少年智力的目的。

工业革命以后，玩具制造业也同工业革命的步伐一同飞速发展，18世纪德国纽伦堡成为欧洲玩具生产中心。玩具的生产业步入了工业化生产阶段，玩偶采用模印工艺，体内装置机械部件，能表演啼哭、走路等动作，同时还生产了音乐玩具和发条玩具等。

19世纪，科学技术新成就应用于玩具设计和生产，促使玩具生产的发展，出现活动画、西洋镜、幻灯等光学玩具。1878年美国科学家爱迪生采用留声机制成会说话、唱歌的玩偶。19世纪90年代，美国相继生产了电动小风扇和有轨电动小火车。

中国的玩具也有悠久的历史，考古发现距今约5500年的山东宁阳大汶口遗址发现有小型陶猪。距今约3800年的齐家文化遗物中也有陶制玩具和响铃。

20世纪以后，玩具制造业成为重要的工业。20世纪30年代德国玩具生产和出口居世界首位。20世纪40年代美国玩具生产迅速发展，生产、消费和进口跃居世界之冠。20世纪50年代日本玩具工业崛起，出口额赶超德国。20世纪50年代末中国玩具工业形成，以北京、上海为主要产区，玩具

品种达7 000多种。20世纪60年代香港玩具工业兴起。20世纪80年代以后我国台湾玩具工业有了很大的发展。特别引人注意的是电子玩具的诞生，并迅速地成长为青少年的主要游戏项目。

进入21世纪，各种整合了声、光、电功能的高科技玩具、电子游戏玩具开始抢占传统玩具的地位，并迅速普及。这些电玩游戏的生产已成为了巨大的产业。

中国玩具协会有关人士说，国内成人玩具潜在市场总额在200亿元左右。因为我国民众对玩具的认识不足，并且受消费水平的限制，我国的玩具市场还不够发达，玩具的发展还有很大的空间。

 观察与调查

冰、雪、霜

冰、雪、霜是自然界常见的现象。是水在不同的温度和不同环境中演绎形成的不同的形态。冰雪霜和人们的生活密切地联系着，有时人们喜欢它，甚至渴望得到它，有时又因它给我们带来不便，甚至灾害，又不得不讨厌它，不惜花费力量清除它。

透明晶亮的冰

当气温下降到0℃以下时，水就要结冰，从液体变成固体，这就是水的三态变化中的一个环节。但是由于结冰时的温度条件不相同，因而也就形成了冰、雪、霜的不同形态。

冰是无色透明、晶格结构的固体，一般为六方体，但因压力不同也可以有其他晶格结构。

在常压环境下，冰的熔点为0℃，一般常压情况下水冻结成冰时，体积会增大约1／9。

据观测，封闭条件下水冻结时，体积增加所产生的压力可达2 500大气压。有些寒冷地方的自来水管道，会因冰冻而爆裂，就是因为水结冰时体积增大而产生压力导致的。

冰的熔点与压力存在着一种奇妙的关系。在2 200大气压以下，冰的熔点随压力的增大而降低，大约每升高130个大气压降低1℃；超过2 200大气压后，冰的熔点随压力增加而升高。3 530大气压下，冰的熔点为–17℃，6 380大气压下，冰的熔点为0℃，16 500大气压下，冰的熔点为60℃，而20 670大气压下，冰在76℃时才熔化。

熔点是一种物质的物理性质。物质的熔点并不是固定不变的，有两个因素对熔点影响很大。一个因素是压强，平时所说的物质的熔点，通常是指一个大气压时的情况，如果压强变化，熔点也要发生变化。熔点随压强的变化有两种不同的情况。对于大多数物质，熔化过程是体积变大的过程，当压强增大时，这些物质的熔点要升高；对于像水这样的物质，与大多数物质不同，冰熔化成水的过程体积要缩小，当压强增大时冰的熔点要降低。

另一个因素就是物质中的杂质，我们平时所说的物质的熔点，通常是指纯净的物质。但在现实生活中，大部分的物质都是含有其他物质的，比如在纯净的液态物质中熔有少量其他物质，或称为杂质，即使数量很少，物质的熔点也会有很大的变化。例如水中熔有盐，熔点就会明显下降，海水就是熔有盐的水，海水冬天结冰的温度比河水低，就是这个原因。

饱和食盐水的熔点可下降到约-22℃，北方的城市在冬天下大雪时，常常往公路的积雪上撒盐，只要这时的温度高于-22℃，足够的盐总可以使冰雪熔化。

水的热涨冷缩是反常的，水在低于4℃时是热缩冷涨，导致密度下降，而大于4℃时，则恢复热涨冷缩。这也是水最重要也是最奇特的特性之一。

美丽晶莹的雪花

水的另一种形态是雪，不断上升高空的小水滴遇到低温时，就会结成雪花，并慢慢飘洒到地面。

诗人李白在形容燕山雪花时有一句著名诗句："燕山雪花大如席"。雪花真的有那么大吗？其实，雪花是很小的。不要说"大如席"的雪花科学史上没有记录，就是"鹅毛大雪"，也是很少见到的。

事实上，我们能够见到的单个雪花，它们的直径一般都在0.5—3毫米之间。这样微小的雪花只有在极精确的分析天平上才能称出它们的重量，大约3 000—10 000个雪花加在一起才有1克重。有位科学家粗略统计了一下，一立方米的雪里面约有60—80亿颗雪花，比地球上的总人口数还要多。

雪花晶体的大小，完全取决于水汽凝华结晶时的温度状况。在非常寒冷时形成的雪晶很小，几乎看不见，只有在阳光下闪烁时人们才能发现它们象金刚石粉末似地存在着。

据研究，温度对雪晶大小存在影响：当气温为-36℃时，雪晶的平均面积是 0.017 平方毫米；当气温为 –24℃时，雪晶的平均面积是 0.034 平方毫米；气温为 –18℃时，雪晶的平均面积是 0.084 平方毫米；气温为 –6℃时，雪晶的平均面积为 0.256 平方毫米；气温为 –3℃时，雪晶的平均面积增大到 0.811 平方毫米。

人们有种错误的感觉，这种感觉常常是从有些文学作品描写天气严寒时，喜欢用"鹅毛大雪"来形容。其实，"鹅毛大雪"是气温接近 0℃左右时的产物，并不是严寒气候的象征。相反，雪花越大，说明当时的温度相对比较高。三九严寒很少出现鹅毛大雪，只有在秋末初冬或冬末初春时，才有可能下鹅毛大雪。所谓的鹅毛大雪，其实并不是一颗雪花，而是由许多雪花粘连在一起而形成的。单个的雪花晶体，直径最大也不会超过 10 毫米，至多象我们指甲那样大小，称不上鹅毛大雪。

在温度相对比较高的情况下，雪花晶体很容易互相联结起来，这种现象称为雪花的并合。尤其当气温接近 0℃，空气比铰潮湿的时候，雪花的并合能力特别大，往往成百上千朵雪花并合成一片鹅毛大雪。因此，严格地说，鹅毛大雪并不能称为雪花，它仅仅是许多雪花的聚合体而已。

在天空中运动的水蒸汽怎样才能形成降雪呢？是不是温度低于零度就可以了？不是的，水蒸汽想要结晶形成降雪必须具备两个条件：

一个条件是水蒸汽饱和。空气在某一个温度下所能包含的最大水蒸汽量，叫做饱和水汽量。空气达到饱和时的温度，叫做露点。饱和的空气冷却到露点以下的温度时，空气里就有多余的水汽变成水滴或冰晶。因为冰面饱和水汽含量比水面要低，所以冰晶生长所要求的水汽饱和程度比水滴要低。也就是说，水滴必须在相对湿度不小于 100% 时才能增长；而冰晶，往往相对湿度不足 100% 时也能增长。例如，空气温度为 –20℃时，相对湿度只有80％，冰晶就能增长了。气温越低，冰晶增长所需的湿度越小。因此，在高空低温环境里，冰晶比水滴更容易产生。

另一个条件是空气里必须有凝结核。有人做过试验，如果没有凝结核，空气里的水汽，过饱和到相对湿度500％以上的程度，才有可能凝聚成水滴。但这样大的过饱和现象在自然大气里是不会存在的。所以没有凝结核的话，我们地球上就很难能见到雨雪。凝结核是一些悬浮在空中的很微小的固体微粒。最理想的凝结核是那些吸收水分最强的物质微粒，比如说海盐、硫酸、氮和其他一些化学物质的微粒。所以我们有时才会见到天空中有云，却不见降雪，在这种情况下人们往往采用人工降雪。

雪的基本形状是六角形，在不同的环境下，可表现出各种各样的形态。

早在西汉时代，《韩诗外传》中就指出："凡草木花多五出，雪花独六出。"雪的基本形状是六角形。但在不同的环境下，却可表现出各种各样的形态。

世界上有不少雪花图案收集者，他们收集了各种雪花图案。有人花了

毕生精力拍摄了成千上万张雪花照片，发现将近有六千种彼此不同的雪花，但拍摄者认为这只不过是大自然落到他手中的少部分雪花而已。以致于有人说没有两朵大小和形状完全相同的雪花。

为什么雪花的基本形态是六角形的片状体和柱状体呢？这和水汽凝华结晶时的晶体习性有关。水汽凝华结晶成的雪花和天然水冻结的冰都属于六方晶系。我们在博物馆里很容易被那纯洁透明的水晶所吸引。水晶和冰晶一样，都是六方晶系，不过水晶是二氧化硅的结晶，冰晶是水的结晶罢了。

形形色色的雪花晶体在天空生成后，当它们的直径达到50微米时，便能克服空气的浮力而开始作明显的下降运动，一边飘逸下降一边继续生长变化。这样一来，便产生了形式纷纭的雪花。

对于一片六角形雪片来说，由于它表面曲率不等（有凸面、平面和凹面），各面上的饱和水汽压力也不同，因此产生了相互间的水汽密度梯度，使水汽发生定向转移。水汽转移的方向是凸面→平面→凹面，也就是从曲率大的表面，移向曲率小的表面。六角形雪片六个棱角上的曲率最大，边棱部分的平面次之，中央部分曲率最小。这样，就使六角形雪片一直处在定向的水汽迁移过程中。由于棱角上水汽向边棱及中央输送，棱角附近的水汽饱和程度下降，因而产生升华现象。中央部分由于获得源源不断的水汽而达到冰面饱和，产生凝华作用。这种凝华结晶的过程不断进行，六角形雪片逐渐演变成为六棱柱状雪晶。

这是假定外部不输送水汽的理想状况。事实上，事物与周围环境保持着密切的联系，空气里总是或多或少存在着水汽的。如果周围空气输入水汽较少，少到不够雪片的棱角向中央输送水汽的数量，那么雪片向柱状雪晶的发展过程继续进行。在温度很低水汽很少的高纬和极地地区，便因为这个原因经常降落柱状雪晶。

空气里水汽饱和程度较高的时候，会出现另外一种情况。这时周围空气不断地向雪片输送水汽，使雪片快速地发生凝华作用。凝华降低了雪片周围空气层中的水汽密度，反过来又促进外层水汽向内部输送。这样，雪

片便很快地生长起来。当水汽快速向雪片输送的时候，六个顶角首当其冲，水汽密度梯度最大，来不及向雪片内部输送水汽，便在顶角上凝华结晶；这时，顶角上会出现一些突出物和枝杈。这些枝叉增长到一定程度，又会分叉。次级分叉与母枝均保持一定的角度，这样就形成了一朵六角星形的雪花。

在高山或极地的晴朗天气里，还可见到一种冰针，象宝石一样闪烁着瑰丽的光彩，人们把它叫做钻石尘。冰针的生长有两种情况：一种是在严寒下（-30℃以下）湿度很小时水汽自发结晶的结果，另一种是在温度较高（-5℃左右）湿度较大时沿着雪片某一条辅轴所在的顶角特别迅速生长的产物，是雪花的畸形发展。

霜

我们看到过降雪，也看到过降雨，可是谁也没有看到过降霜。其实，霜不是从天空降下来的，而是在近地面层的空气里形成的。

霜是一种白色的冰晶，多形成于夜间。少数情况下，在日落以前太阳斜照的时候也能开始形成。通常，日出后不久霜就融化了。但是在天气严寒的时候或者在背阴的地方，霜也能终日不消。

在各种不同的云内，其云滴大小的分布是各不相同的，造成云滴大小不均的原因就是周围空气中水汽的转移以及云滴的蒸发。

使云滴增长的因素是凝结过程和碰撞并和过程，在只有凝结作用的情况下，云滴的大小是均匀的，但由于水汽的补充，使某些云滴有所增长，再加上并和作用的结果，就使较大的云滴继续增长变大成为雨滴。雨滴受地心引力的作用而下降，当有上升气流时，就会有一个向上的力加在雨滴上，使其下降的速度变慢。这种充满小雨滴的湿度极大的空气遇到地面的物体上时，就会在这些已经冷却了的石块、植物的枝叶上结成霜的结晶，人们常常把这种现象叫"下霜"。

在寒冷季节的清晨，草叶上、土块上常常会覆盖着一层霜的结晶。它们在阳光的照耀下闪闪发光，待太阳升高后就融化了。

北方地区的冬季，我们有时会在房间里的窗玻璃上看到一层图案美丽的"霜花"。这是由于冬季气温很低，玻璃的温度降到了0℃以下，室内空气中的水汽在玻璃上凝华，形成了霜，这就是"霜花"。

霜的形成不仅和当时的天气条件有关，而且与所附着物体的属性也有关。当物体表面的温度很低，而物体表面附近的空气温度比较高时，空气和物体表面之间有一个温度差，如果物体表面与空气之间的温度差主要是由物体表面辐射冷却造成的，则在较暖的空气和较冷的物体表面相接触时空气就会冷却，达到水汽饱和的时候，多余的水汽就会析出。如果温度在0℃以下，则多余的水汽就在物体表面上凝华为冰晶，这就是霜。因此霜总是在有利于物体表面辐射冷却的天气条件下形成。

另外，云对地面物体夜间的辐射冷却是有妨碍的，天空有云不利于霜的形成。因此，霜大都出现在晴朗的夜晚，也就是地面辐射冷却强烈的时候。此外，风对于霜的形成也有影响。有微风的时候，空气缓慢地流过冷物体表面，不断地供应着水汽，有利于霜的形成。但是，风大的时候，由于空气流动得很快，接触冷物体表面的时间太短，同时风大的时候，上下层的空气容易互相混合，不利于温度降低，从而也会妨碍霜的形成。大致说来，当风速达到3级或3级以上时，霜就不容易形成了。因此，霜一般形成在寒冷季节里晴朗、微风或无风的夜晚。

霜的消失有两种方式：一是升华为水汽，二是融化成水。最常见的是日出以后因温度升高而融化消失。霜所融化的水，对农作物有一定好处。

霜的出现，说明当地夜间天气晴朗并寒冷，大气稳定，地面辐射降温强烈。这种情况一般出现于有冷气团控制的时候，所以往往会维持几天好天气。因此中国民间有"霜重见晴天"的谚语，道理就在这里。

霜本身对植物既没有害处，也没有益处。通常人们所说的"霜害"，实际上是在形成霜的同时因气温低而产生的"冻害"。

古代人并不了解霜的形成原因，以为霜会对植物造成影响，甚至把植物出现红叶归功于霜，认为红叶是霜冻的结果。

其实，树叶的变红并不是降霜造成的，树叶变红是因为气温低而使根部吸水减少，随即进入叶子中的水分减少，因而使叶绿素生成少而破坏多，同时树叶中的花青素就显现的多，因此树叶由绿色转为红色。

人造冰雪

当人们了解了冰雪形成的原理后，人们为了生活、生产、娱乐的需要，会用现代技术人工制造出冰雪，我们经常吃的雪糕就是其中之一。在酷暑的盛夏，一杯冷饮，一支雪糕会使你祛除暂时的酷热，顿觉心旷神怡。

在冬天少雪的日子里，人们用造雪机把水变成雪花均匀地喷洒到滑道上；以使滑道有足够的积雪厚度；为了使院落呈现一片雪景，德国人还制造了家用的小型造雪机，只要在几个小时内，就可以使小庭院、房前屋后，甚至房顶上披上银装。

在热带或是亚热带，人们也渴望在那里享受冰雪的乐趣，人们在非洲建立了冰雪世界。在我国上海、深圳等地也有如此的冰雪世界。在人工制造的一片银装素裹的世界里，人们倍觉凉爽惬意。在那里你可以尽情的滑冰或是滑雪。不过这种享受要花费很大的代价，因为这些冰雪都是一些特殊的设备制造出来的，并且消耗了大量的能源。

人工造雪的方法有两种，第一种是制冰装置生产出片冰，然后以片冰为原料造雪。其工作流程是，先通过制冰装置将水制成片冰，再通过碎冰装置把已经造好的片冰粉碎成粉末，最后，把粉末状的冰晶通过空气输送系统送出。该方式造雪系统复杂，造出"雪"的品质与自然雪相差甚远。

另一种是采用传统的高压水与空气混合造雪。其工作流程是，来自高压水泵的高压水与来自空气压缩机的高压空气在双进口喷嘴处混合。利用自然蒸发和空气出喷嘴后的体积膨胀带走热量而使雾滴凝结成冰晶。但存在的问题是雾滴越小，其蒸发量越大，水的损失越多，造雪效率越低。此外，这种方法只能在冰点以下工作，对外界环境温度的依赖性很强，造雪效率低。

动手 DIY

水结冰的实验

冬季，是一年里气温最低的季节。北方的大地一片雪白，寒风呼啸，江河结冰。这时自然界中的水由液态变成了固态，可在江河湖泊冰面下仍有一定的水，也有一定的氧气，这里仍是水中生命活动的天地。

◎ 准备

两个大小一样的广口容器、清水

◎ 过程

把两个容器分别注入清水，一个容器内只有较浅的水；另一个容器内注入较多的水，然后把这两个容器都放到室外，每隔30分钟观察一次容器内水结冰的情况。

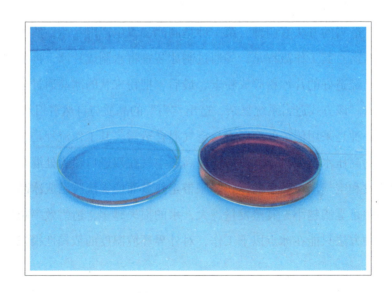

◎ 柯博士告诉你

观察发现，水较浅的容器中，水结冰的时间较快。而且，容器内的水都结成了冰；而装水多的容器内，只是结了一层冰，冰底下还有一部分水没有结冰。

两个一样大小的容器，容器内的水面接触冷空气的面积是一样的。但是，水的多少是不一样的，结冰的速度也是不一样的。水少的结冰快一些，水多的结冰慢一些。

当水面结冰以后，冰层会阻挡冷空气，使冰层下面不能直接受冷空气的侵袭，这时结冰的速度就会慢下来。

据测定，如果气温在-5℃不变，形成1厘米厚的冰层需要23分钟，冰层达到2厘米厚则需要90分钟，达到5厘米厚则需要9.5小时，达到50厘米厚需要40天。冰层越厚结冰的速度也就越慢，直至冰冻结束。

 小贴士

冰山和冰凌

在结冰初期，水面上会形成冰凌，气温再继续下降水面才会逐渐封冻。在形成冰凌的时期，江河中的冰凌会引起水流的堵塞，以致引起洪灾发生。春季里，冰雪融化时，江河也会发生冰凌现象，因此需要注意安全。

在寒冷的南极、北极海洋，经常会有冰山，这些冰山是世界上最大的流动冰块，它们漂浮在海面上，因此给海面上的船舰带来极大的隐患。著名的泰坦尼克号沉船事件，就是由冰山撞击引起的海难事故。

冰也能保温

北方的冬季，江河湖沼都要结冰，结冰是从水面开始的，水

面接触到冷空气，水面的水温开始下降。

结冰初期，在水面上先形成一个冰柱，然后再横向沿着水面增长，渐渐地形成一层极薄的冰层，这时冰层开始向下增长，以加厚冰层，当冰层封住了水面并不断加厚时，就隔断了冷空气与冰下水的接触。这时，冰层像一层厚被盖住了水，水的温度下降速度慢了下来，结冰的速度也就慢了下来，直至结冰结束，较深的江河湖沼的水也不会全部结冰，冰层下面还是有水。这里就是水中生物的过冬天地，只不过是它们的生命活动减弱而已。

❧ 水结冰的力量 ❧

一般物质都具有热胀冷缩的性质，而水结成冰则不然，它不但不会缩小体积，反而会体积膨胀，因而冰的密度就比水小了，也就是冰比水轻了；同时因水结冰体积会膨胀，在膨胀时会产生巨大的力量，什么都不能阻止冰占据更多的空间，冰甚至能从金属管中膨胀出来。

◎ 准备

一个细颈的玻璃瓶、铝箔、清水

◎ 过程

（1）将玻璃瓶用水灌满。

（2）把铝箔松松地盖在瓶口。

（3）把瓶子放进冰箱，让水在冰箱里结冰。

（4）当冰冻结实后，冰会把铝箔顶起。

注意！小心一点，瓶子可能被冻裂。

◎ 柯博士告诉你

水是液态的，可到了冰点以下，水就会结成固态的冰。在水结成冰时，体积就会膨胀。当瓶子里的水在结冰之后，冰的体积比原来水的体积要大了，于是，冰从瓶口胀了出来，把盖在瓶口的铝箔顶了起来。

小贴士

水结冰的力量

水结冰体积会膨胀，膨胀会产生巨大的力量，这种力量具有很大的破坏力。在自然界我们经常会看到，岩石缝隙中的水结成冰，冰冻可以使岩石破碎，这也是岩石风化的一种形式。

冬天的水管保温

冬日的严寒往往会冻裂自来水管道，自来水管道内的水在低温时会结成冰，结冰后体积会膨胀，尽管自来水的水管是铁制的，可膨胀的力量足可以把水管胀裂。所以，冬季特别要注意自来水管的保温。

冰雪保温的实验

大雪纷飞，冷风刺骨，下雪的天气一定是很冷的，可冬小麦却盼望着冬天的一场大雪，大雪就像为它们盖上了厚厚的被子，使它们能安全的度过寒冬。让我们做一个冰雪保温的实验，了解一下雪是如何为小麦保温使冬小麦免遭冷空气的伤害。

◎ **准备**

两个一样大小的饮料瓶、水、锹

◎ **过程**

（1）大雪过后，气温下降的时候，把两个饮料瓶分别灌入 4 / 5 瓶的水。比量一下两瓶水，使瓶里的水量相同。

（2）到室外找一个背阴而且雪比较厚的地方，用锹将积雪挖出一个小洞，洞底要到达地面。

（3）把其中一个饮料瓶放入小洞，使瓶子与地面接触，并用雪覆盖住饮料瓶（厚度在 10 厘米以上）。另一个饮料瓶放在同一地

点，不加任何覆盖。过几个小时后，挖开覆盖在瓶子上的雪，观察两瓶水的结冰情况。

◎ 柯博士告诉你

实验表明，埋在雪里的那瓶水，基本没有结冰，而放在外面的那瓶水已经结冰。埋在雪里的那瓶水，受到了雪的覆盖，雪花的温度只有零下几度，而厚厚的大雪外面，冷风呼啸气温则会更低，放到外面的饮料瓶裸露在空气中，冷风会不断地吹走瓶中的热量，因此它的温度会急剧下降，直到和外面的气温相同。所以，被雪覆盖的那瓶水的温度比裸露在外面的那瓶水的温度会高许多。

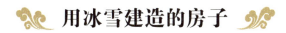

相关链接

用冰雪建造的房子

常年住在雪屋的极地爱斯基摩人，由于没有木材、草泥，他们只能就地取材，用雪块建造房屋。你听了一定很奇怪，冰雪建造的房屋怎么居住呢？其实冰雪建造的房屋也可以遮风雪，避严寒。

加拿大北部地区常年大风不断，气温极低，帐篷无法御寒，所以这一地区的爱斯基摩人建造了有名的圆顶雪屋。库普爱斯基摩人，耐特斯里克爱斯基摩人，伊格鲁尼克爱斯基摩人，驯鹿爱斯基摩人和魁北克爱斯基摩人冬季一般都使用雪屋，这些人只占爱斯基摩人口总数的8%，但他们所居住的地理区域很广。

建造圆顶雪屋需要一定的技术，要求力学上的稳定，外形要求也颇为严格。有经验的爱斯基摩人建成的雪屋堪称建筑上的杰作。建造雪屋所用的雪块并不是随便可取的，要选择质地均匀、软硬度合适的雪块。建造者

先用工具探试雪层中有无冰层和空气，最合适的是选择风吹积而成的雪块。雪块的大小视雪屋大小而定，屋子越大雪块相应切得越大。建造者先估算起始圈的大小，用三块相连的雪块砌出一个坡度，作为螺旋形雪墙的起头。每一块雪砖呈立方体，但作为里层的一面有一定的弧度，形成圆弧状，每块雪砖要做到精确吻合，使雪屋坚固而不至于倒塌。建造的过程中，建造者是在里头砌墙，当砌到二层或三层砖时，在一边要开一个供建筑期间临时用的出入口。如果雪砖不够用，建造者从里面爬出来，再把砖运进去。有了一定的高度之后，一般是砌到四五圈，突然向里增加倾斜度，开始封顶，并按照顶孔的大小仔细切出最后一块砖。由于留出的顶孔常常是不规则形，建造者须用双手从里面将雪砖托到外面，按顶孔的形状切至完全吻合，将顶孔封死。这时人已完全被封在雪屋里面，里面的人再将临时出入孔砌上，填补雪块间的缝隙，然后在底部挖出一个门，挖门要选择在不影响基础雪砖的地方。屋顶上要开一个通气孔，以免屋内过热使雪砖融化。建好雪屋后，把睡觉的地方垫高，方法是把一边的雪堆到睡觉的地方，再铺上兽皮等物。

爱斯基摩人通常要在入口外挖一个雪下通道。这个通道从两方面保持室温：第一，由于通道在雪下，因而风、冷空气不能直接进入屋内；第二，由于采用地道入口，暖空气向上聚集在屋内，人睡觉的地方就暖和多了。爱斯基摩人常常半赤裸地睡在圆顶雪屋内，室内温度由他们的体温或点燃煮食用的小油灯来维持在约16℃以上。屋子顶部必须保持开着一个孔，以供通风而不会使内壁融化。

冰　山

　　冰山是指从冰川或极地冰盖临海一端破裂落入海中漂浮的大块淡水冰，通常多见于北美洲的格陵兰岛周围。冰山大多在春夏两季内形成，那时较暖的天气使冰川或冰盖边缘发生分裂的速度加快。每年仅从格陵兰西部冰川产生的冰山就有约1万座之多。在冰川或冰盖（架）与大海相会的地方，冰与海水的相互运动，使冰川或冰盖末端断裂入海成为冰山。还有一种冰山伸入海水中，上部融化或蒸发快，使其变成水下冰架，断裂后再浮出水面。大多数南极冰山是当南极大陆冰盖向海面方向变薄，并突出到大洋里成为前沿达数公里长的巨大冰架，逐渐断裂开来而形成的。冰山产生的速率在北冰洋为每年280立方公里，在南极为每年1 800立方公里。大多数冰山的比重为0.9，因此其质量的6 / 7在海面以下。冰山露出水面的一角仅仅是整座冰山的1 / 10。

　　北冰洋的冰山高可达数十米，长可达一二百米，形状多样。南极冰山一般呈平板状，同北冰洋冰山相比，不仅数量多，而且体积巨大。长度超过8公里的冰山并不少见。有些甚至高达数百米。目前已知世界最大的冰山是B15。2000年3月，它从南极罗斯冰架上崩裂下来，它的面积达到1.1万平方公里。现在，这座冰山已经分裂，分别命名为B15A和B15J，在罗斯海上缓慢地漂移。一直到2005年，它因阿拉斯加风暴

引发的波长很长的波浪横跨整个地球，把它像一块饼干一样掰开。

冰山冰的平均年龄都在5 000年以上，可以说那都是没有受过工业污染的干净的冰。冰山在高纬度地区能维持10年之久，但如果漂向广海则几年内就会没有了踪迹。冰山运动的主要动力是风，其次是洋流。冰山在风速影响下，有的可达每日44公里的运动速度，这主要取决于冰山高出水面部分的形状。冰山可以将陆地上的某些物体甚至动植物活体从其来源地区搬运到数千公里以外，科学家们根据大洋内的沉积物，就可推断万年以前冰川分布情况。冰山对航行造成威胁，而且有些露出水面的部分过小不易发现。一般只在海面平静时，不超过1.6公里时能够发现。目前人们使用雷达和声纳的方法跟踪冰山，每日向过往船只提供两次报告。冰山是极为宝贵的淡水资源，可惜目前人类还没有办法利用它们。

观察与调查

 倡导时尚的绿色生活

绿色环保、低碳生活已然成为当今社会关注的话题。在全世界自然环境持续恶化的今天，呼唤绿色生活显得尤为重要。通过倡导人们使用绿色产品，参与绿色志愿服务，树立绿色增长的理念，使绿色消费、绿色出行、绿色居住成为人们的自觉行动，让人们在充分享受绿色发展所带来的便利和舒适的同时，履行好应尽的责任和义务，为我们的地球能拥有更多的绿色做一点实际的事情。

资源与人类生活

人类的生存要依靠自然环境，依靠自然环境供给我们生活的资源，人们再用这些资源制作出适合人类生存需要的各种消费品。人离开自然的供给资源就无法生存，因此人类的生存就是向自然索取，也就是说大自然就是我们的衣食父母。当然这种索取是一种理智的、在自然允许的限度内的索取，而绝不是取之不尽用之不竭的掠夺式的索取。

人类生存不仅需要空间环境，也需要各种生存的物质条件。人类需要蓝天碧水，也需要土地。人们需要在蓝天下呼吸着清新的空气，需要喝着清洁干净的水，需要土地建筑他们居住的房屋，需要耕地生产食物，需要道路行驶车辆，需要能源为生产和生活提供动力等等，大自然为人类提供着生存所需的一切物质。没有这些资源人们就不能生产出他们所需的物质，因此就不能有消费，也就不能生存。

鲁宾逊曾流落在一个孤岛上，他可以凭借自己的生存能力，享受大自然的恩惠，等待过往的船只把他接回人类的文明社会，让他不再孤独生活。但要没有大自然的恩惠，他就不会索取到生存的资源，他就会遗憾地客死在那个孤岛上。正是因为有了大自然的恩惠，他才能在那里过着朴素、简单地原始野人般的生活，尽管千辛万苦，但是他毕竟能生存下去。

生活是以大自然的供给为前提的，没有自然的供给就没有人们的生存消费。消费又是与人口的数量有着极为密切关系的，人口的数量决定消费的数量和质量。

实际上，人类的数量是在不断的增长，就像有些物种不断的减少一样，但地球的空间不会再增长，地球上的大多数资源也不会再增长，因此，人口的增长就会引起人们消费的紧

张，就会引起环境污染、恶化，甚至会引起人们的担忧。这就是人们常说的人口爆炸会引起地球环境的恶化。资源的大量消耗，使地球的资源大为减少，人们生活的物质就缺少了来源。在资源消耗的同时，也会产生大量的碳排放，这就会造成环境的污染加剧。

在有史记载以来，地球上的环境已大为改变，大片的森林消失就是最典型的例子。淡水污染、空气污染，许多物种消失绝迹，许多矿产资源被开采后已逐渐减少，许多不可再生的资源被消耗等等，所有这一切都让人们感到痛心和担心。

人们想象着如何恢复和维护环境，如何节约资源以保证人类的可持续发展，在这个时候人们提出了绿色生活的观念。

地球上的每一个人都在以不同的方式向自然索取，也同时的向地球排放各种污染物。比如，地球上的每一个人，在生存过程中需要消耗大量的物质，这些物质包括动植物性食物、矿物、水、空气等。具统计，按一个人活到75岁计算，这一生总共要吃掉的东西多达4头牛，15头猪，21只羊，1 200只鸡，13 000只鸡蛋，5 000多只苹果，1万多个胡萝卜，3吨面包，630公斤巧克力，2吨葡萄酒，11吨啤酒，18吨牛奶，75 000杯茶，相当于装满一个浴缸的罐头豆子，当然还有许多没有被统计在内的其他食物。

人的一生大约总共要吃下50吨食物。人的一生中扔掉的包装材料有8.5吨，产生的全部生活垃圾约40吨。当然这个数字并非十分准确，只是一个大约的数字，但对我们确实具有一定的意义。这个数字表明人口的多寡会明显的影响对资源的索取程度，也明显地表明影响环境的程度。

据统计，美国人一人一生中将要消耗350公斤锡（用于汽车电池和电子设备等）、300公斤锌（用于制造青铜、钢铁构件镀层以及橡胶、染料工业）和700多公斤铜（用于电子工业、发动机、导线等）。铝的消耗更大，平均每人一生中要耗费约1.5吨，这是因为铝的用途很广，从飞机到折叠家具，以及罐头盒和日常用品都离不开铝。至于用来制造船舶、建筑物、汽车、厨房用品等的铁，平均每人一生要耗用15吨。

除了金属矿物外，平均每人还要消耗 12 吨粘土（用于制造砖瓦、纸张、涂料、玻璃和陶器等）。食品工业、塑料工业、医药工业以及交通运输业等都要使用盐。据计算，平均每人一生要用盐 13

吨；另外，一人一生中还需要 500 多吨石头、砂石和水泥等建筑材料。

从这些统计数字也可看出，人类生活的资源需求是多方面的，也同时看到高消耗的生活对资源过渡索取的状况。当然这些统计数字并不一定十分准确，但足可以表示人类消耗资源和污染环境的基本事实，也足可以反映人类生存和资源的关系。

拒绝过度包装

当我们走进超市、商场时，种类繁多的商品琳琅满目，首先映入我们眼帘的就是商品的各种形式、花花绿绿的包装。这些商品就像穿上了美丽的外套，摆在货架上竞相展示自己的风采。

现代的商品几乎都要包装，例如：我们饮用的牛奶、矿泉水要包装，有的是用玻璃瓶包装的，有的是塑料瓶包装的；我们吃的肉蛋点心等也要包装；我们穿的衣服鞋子等也要包装；我们用的电器等还是要包装……

有一句成语："买椟还珠"，可见在古代商家就很重视商品的包装，不过那时一般的商品是不包装的，或只是简单的包装，只有贵重的商品才会加以精致的包装。

现代的商品则大都要包装，包装不仅使商品得到了保护，而且使商品外观美观，以引起消费者的注意，刺激人们购买的欲望，促进消费。现代的商品包装材料和包装技术已经相当发达，甚至出现了专门的产业部门。为了防止商品受碰撞、高温、低温、潮湿等影响，发生物理性损坏、化学性和生物性变质，科学研究人员在商品包装的材料、方法、技术等许多方面都有不断地创新和发展。

电视机的包装纸箱是用瓦楞纸制作的，这种瓦楞纸比同样厚度的一般纸板强度和刚性大，但重量却轻得多。纸箱里面还有减震防碰撞的泡沫塑料，这样的包装可以保护电视机不因一般的碰撞和震动而遭受物理性损坏。人们在运送玻璃时，将易碎的玻璃许多片叠放在一起，然后装进木制或铁制的框架箱内，这样就可以保护玻璃不易被碰碎。为了保持食品在一定时期内不变质，人们用铁皮、玻璃、塑料对食品进行密闭真空包装。

可如今包装已不仅仅是保护商品这么简单了，有的商家为了变相提高自己商品的档次而使用了过度包装的办法，这不仅不会对商品的本质产生改变，而且也会造成一定程度的资源浪费。过度包装指的是包装材料的高档化和繁杂化，过度包装是一种商业思维，是一种商家推销商品已获得更大的利润的行为，是一种缺乏环境意识、宰割消费者的行为。其实包装的目的是保护商品，而绝不是炫耀的手段，这种行为是和现代环保理念相悖的。

过度包装会产生大量的包装垃圾，造成了资源的巨大的浪费，据有关调查，2010年我国的包装物变成了大约4 000亿元的废弃垃圾被扔掉。

据国际食品包装协会统计，以北京为例，每年产生的500多万吨垃圾中，各种商品的包装物约有150万吨，其中有100万吨为可减少的过度包装物，因过度包

装造成的垃圾处理费每年就高达3亿多元。

在20世纪80年代，广州市每年约产生165万吨垃圾，而其中就有33万吨是各种包装废弃物，如果减少过度包装，每年可使垃圾减量20%。

在许多包装物中，最令人头痛的是塑料包装物，1990年到1995年的6年中，全国使用的塑料包装物每年递增17.3%，而北京每年就要废弃23亿个塑料袋。

据权威人士讲：目前我国一年生产衬衫约12亿件，其中8亿件是盒装，8亿包装盒需要用纸24万吨，如果以直径10厘米的树为标准，每7棵树可以制1吨纸，8亿只包装盒就相当于要砍伐168万棵树。也就是说，仅衬衫一项，消费者一年就"穿"掉一大片森林。而包装衬衫所用的纸盒，在全部商品包装中只是九牛一毛。

过度包装在浪费资源的同时，也增加了消费者的负担，使消费者在消费的同时为浪费的资源来买单，在消费商品的同时还要将毫无用途的包装扔弃。而商家却获得了丰厚的利润。

据调查，我国城市生活垃圾里有1／3属于包装垃圾，占到全部固体废弃物的一半，而这些包装垃圾中，一半以上都属于过度豪华包装。

据另一项调查显示：某种奶类制品的包装费用占售价的40%。如果你观察一下马路上的抛弃物，就会发现，除了一部分瓜果皮核被随手抛弃外，更多的是各种食品的包装物，而这种包装物大都是不易降解的塑料包装，这严重的污染了我们的环境。

另外，食品的过度包装还可能对人体健康产生危害。以月饼为例，一些颜色鲜艳的月饼包装往往是使用再生塑料加入金粉和银粉制成的。这些再生塑料来源复杂，甚至包括医疗垃圾、农药瓶等，含有大量的有毒物质以及汞、镉等重金属。由于月饼本身含油量比较高，有毒物质极易被溶出，吃这样的月饼就是在不知不觉中摄入有毒物质。

在一些发达国家，如德国早已在社会形成了较高的环境意识。德国很早就制定了《循环经济法》，将商品生产者、经营者回收包装垃圾的义务写进法律。该法令要求，商品包装要贴上绿色标志，消费者根据此标志将其投入到专业垃圾箱内，再由专业的公司回收。商品生产者、经营者需要根据商品的产量、销量，以及包装垃圾的再生利用难度，向回收公司支付费用。这样一来，商品生产者、经营者为了节省成本，必然会尽量对商品进行简便包装。同时，包装垃圾由专业公司回收后，仍能进行再生利用，变废为宝。

美国提倡商品无包装或简易包装。商店里的服装不论是否为名牌，很少有包装，都是按性别、年龄、品牌、尺码或者价格分别摆放，开架销售，方便顾客挑选。酒类亦是如此，一瓶瓶酒摆在货架上供顾客任意挑选，结账的时候由收银员把酒装到一个纸袋子或塑料袋里即可。如果想送人的话，还要再多花1美元买个精美的绸布袋子，简单大方，又不失礼数。

当然，美国人也非常注重礼品的包装，有许多专门的礼品包装材料商店或专柜，其中各种纸类、木材、纺织品等环保材质的包装材料最受欢

迎。此外，还有专门的礼品袋或手提袋。这种袋子样式美观、尺寸灵活，还根据不同的需求提供相应的图案，比如复活节礼品包装袋上就印有各种彩色的复活蛋，这

种包装袋贴心又实用，省却了包装的麻烦，非常受消费者的青睐。

绿色生活最时尚

绿色，代表生命，代表健康和活力，是充满希望的颜色。国际上对"绿色"的理解通常包括生命、节能、环保三个方面。

人的生命是宝贵的，一个人的生命周期只有一次不会有第二个生命周期，因此，生命诚可贵。在人的一生中，决定生命周期的是健康，只有健康才会尽可能的享受生命的快乐和幸福。

而决定生命健康有许多因素，比如，遗传、食物、环境、人的活动等。其中食物的质量是被人们很看重的，食物也是人们消费的重心，食物的消费是人体健康的保证，是人们维持生命的根本保障。

食物的组成都是来自自然环境中，因此，环境的质量又影响着食物的质量。当前，由于人口增加，环境的污染，食物已不是极大丰富了，而是逐步趋于紧张。因此我们不得不提倡节约粮食，节约生产粮食的土地，以保证人们持久正常的生活。

人的生存是以食为先的，当然还有第二，那就是绿色消费。这里包括的内容非常宽泛，它包括了人们生存过程中的一切，衣食住行用的方方面面。不仅包括绿色产品，还包括物资的回收利用，能源的有效使用，对生存环境，对物种的保护等，可以说涵盖生产行为、消费行为的方方面面。它主要是指：在社会消费中，不仅要满足我们这一代人的消费需求和安全、健康，还要满足子孙万代的消费需求和安全、健康。这就是在安全的环境中生产，在不破坏环境的前提下生产，有效的处理生产产生的垃圾和三废。

另外，绿色消费是引导消费者转变消费观念，树立崇尚自然、追求健康的消费观念。在追求生活舒适的同时，注重环保、节约资源和能源，实现可持续消费的现代理念。

绿色生活的行为是一种时尚，是表示人们认识水平的提高，是表示对自然的崇尚，是表示人们对环境的友好。这就是科学技术改变着人们的生活，改变着世界，同时也改变着我们的理念。

我们并不会崇尚那些奢华的生活，因为他们对资源并不尊重，对他人及后代并不尊重，只管自己无尽地消费，而破坏了人类赖以生存的环境，就像有人说的那样，人类不配穿野生动物皮毛做的衣服，只有动物才配。

 动手 DIY

设计制作一个包装盒

包装盒顾名思义就是用来包装产品的盒子，可以按材料来分类，比如：木盒，纸盒，布盒，皮盒，铁盒，亚克力盒，瓦楞包装盒等。也可以按产品的名称来分类，比如：礼品盒，酒盒，巧克力盒，笔盒，食品包装盒，茶叶包装盒等。我们在平时见过很多的包装盒，送同学、父母、长辈礼物时也总会在礼物外面包一个好看的包装盒。如果这个包装盒是你自己动手制作的，是不是更有意义呢！

◎ **准备**

废弃的包装盒、剪刀、彩笔、彩纸或彩条、胶带。

◎ **过程**

（1）选择一个大小适合的废旧包装盒，根据你要包装物体的大小和形状对其进行改造。

（2）将改造好的包装盒用胶带粘牢。

（3）对粘好的包装盒进行美观装饰，最后把要包装的礼物放

进包装盒中，最后进行封口，一个美观的包装盒就做好了。

 相关链接

 中国绿色食品标志

　　绿色食品标志是由绿色食品发展中心在国家工商行政管理总局正式注册的质量证明标志。它由三部分构成，即上方的太阳、下方的叶片和中心的蓓蕾，象征自然生态；颜色为绿色，象征着生命、农业、环保；图形为正圆形，意为保护。AA 级绿色食品标志与字体为绿色，底色为白色，A 级绿色食品标志与字体为白色，底色为绿色。整个图形描绘了一幅明媚阳光照耀下的和谐生机，告诉人们绿色食品是出自纯净、良好生态环境的安全、无污染食品，能给人们带来蓬勃的生命力。

　　绿色食品标志的管理依据是绿色食品标志证明商标特定的法律属性，通过该标志商标的使用许可，衡量企业的生产过程及其产品的质量是否符合特定的绿色食品标准，并监督符合标准的企业严格执行绿色食品生产操作规程、正确使用绿色食品标志的过程。

　　绿色食品标志管理有两大特点，一是依据标准认定，二是依据法律管理。所谓依据标准认定即把可能影响最终产品质量的生产全过程逐环节地制定出严格的量化标准，并按国际通行的质量认证程序检查其是否达标，确保认定本身的科学性、权威性和公正性。所谓依法管理，即依据国家《商标法》、《反不正当竞争法》、《广告法》、《产品质量法》等法规，切实规范生产者和经营者的行为，打击市场假冒伪劣现象，维护生产者、经

营者、消费者的合法权益。

　　通过绿色食品认证的产品可以使用统一格式的绿色食品标志，有效期为三年，时间从通过认证获得证书当日算起，期满后，生产企业必须重新提出认证申请，获得通过才可以继续使用该标志，同时更改标志上的编号。从重新申请到获得认证为半年时间，这半年中，允许生产企业继续使用绿色食品标志。如果重新申请没能通过认证，企业必须立即停止使用标志。另外，在三年有效期内，中国绿色食品发展中心每年还要对产品按照绿色食品的环境、生产及质量标准进行检查，如不符合规定，中心会取消该产品使用绿色食品标志。

　　近几年来，中国绿色食品发展中心每年都会查处几十起违规使用或者假冒"绿色食品"标志的案例，还有少量企业因为没能通过年检而被取消了标志使用资格。

观察与调查

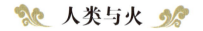

人类与火

　　在人类发展的历史长河中，火，燃尽了茹毛饮血的历史；火，点燃了现代社会的辉煌。正如传说中所说的那样，火是具备双重性格的"神"——有时是人类的朋友，有时是人类的敌人。火一旦失去控制，将给人类带来巨大的危害。火伴随着人类文明的进步，同时，人们也一直和火灾进行着顽强地斗争。

火

火是物质燃烧过程中散发出光和热的现象，是能量释放的一种方式。

火焰分为焰心、中焰和外焰，温度由内向外依次增高。燃烧过程必须有可燃物、燃点温度、氧化剂三项并存，缺一不可。火失控时，常常称作失火或火灾，危害甚大。

根据质能守恒定律，火并没有使被燃烧物消失，只是通过化学反应转化了其分子型态。另外，火是一种物质，火以等离子体的形态出现，可以随着粒子的振动而有不同的形状。

人类对火的认识、使用和掌握，是人类认识自然，并利用自然来改善生产和生活的第一次实践。火的应用，在人类文明发展史上有极其重要的意义。从100多万年前的元谋人，到50万年前的北京人，都留下了用火的痕迹。人类最初使用的都是自然火。人工取火发明以后，原始人掌握了一种强大的自然力，促进了人类的体制和社会的发展，而最终把人与动物区分开来。人类最初与动物一样，对火是害怕的。后来，逐渐发现了火的好处——被火烧烤过的兽肉味道更鲜美，于是便主动地开始使用火。

火的使用，首先使人类形成和推广熟食生活。特别是人工取火的发明，使人类随时都可以吃到熟食，减少疾病，促进大脑的发育和体制的进化。而熟食的推广，还扩大了食物的来源和种类，使人类最终摆脱了"茹毛饮血"的时代。火还给人类带来了温暖，从而扩大了人类的活动范围，使人不再受气候和地域的限制，并能够在寒冷的地区生活。

火是原始人狩猎的重要手段之一。用火驱赶、围歼野兽，行之有效，提高了狩猎生产能力。焚草为肥，促进野草生长，自然为后起的游牧部落所继承。最初的农业耕作方式——刀耕

火种，就是依靠火来进行的。至于原始的手工业，更是离不开火的作用。弓箭、木矛都要经过火烤矫正器身。以后的制陶、冶炼等，没有火是无法完成的。

现代社会，经济发展越来越快，人类的生活水平越来越高。但是，我们的生活还是离不开火的，火的作用尤如空气、阳光一样非常重要。但是，火在我们社会中、生活中是一把双刃剑，如果使用不当，或管理不好就会引起火灾，而严重危害我们的生活，给我们的生命财产和国家建设造成巨大的损失。

火灾虽然可怕，但只要正确使用火源，火灾隐患是可防可控的。我们大家应该掌握一些基本的消防安全知识，这样才能正确保护我们自身的安全，减少火灾对我们造成的危害。俗话说"水火无情"，火灾的预防措施是必不可少的，只要我们了解相关的消防安全知识，提高消防安全意识，相信火一定会在生产生活中为我们带来更多的方便和财富。

火灾知识ABC

火灾是指在时间和空间上失去控制的燃烧所造成的灾害。在各种灾害中，火灾是最经常、最普遍地威胁公众安全和社会发展的主要灾害之一。火灾可以发生在家里、工厂、学校、商店、剧院、体育场馆等人们经常出没、活动的场所，也可发生在少有人类活动的草原、山林等地。

火灾既可以是天然的原因，也可以是人为的原因。大面积的森林大火、草原大火几乎都是天灾，是因为风干物燥，雷击或自燃而引起的，可控性比较低，这些火灾往往破坏生态环境，损害森林、草原资源，有时也会危及人类的安全；而人为的失火原因，大都是人们用火不当而引起的，这些火灾往往发生在我们的身边，会造成财产的损失甚至危及生命。

火灾是由物体燃烧的结果，燃烧是可燃物与氧化剂发生的一种氧化放热反应，通常伴有光、烟或火焰。

燃烧的知识我们已经在课本上学过，甚至在实验室也做过实验，但是灭火的知识和经验、逃生的知识和经验，我们并不能在紧急时刻灵活地运用。

灭火的主要措施就是：控制可燃物、减少氧气、降低温度，化学抑制（针对链式反应）。

物质燃烧过程的发生和发展，必须具备以下三个必要条件，即：可燃物、氧化剂和温度（引火源）。只有这三个条件同时具备，才可能发生燃烧现象，无论缺少哪一个条件，燃烧都不能发生。但是，并不是上述三个条件同时存在，就一定会发生燃烧现象，还必须在这三个因素相互作用下才能发生燃烧。

凡是能与空气中的氧或其他氧化剂起燃烧化学反应的物质称为可燃物。可燃物按其物理状态分为气体可燃物、液体可燃物和固体可燃物三种类别。可燃烧物质大多是含碳和氢的化合物，某些金属如镁、铝等在某些条件下也可以燃烧，还有许多物质如臭氧等在高温下可以通过自己的分解而放出光和热。

在现实生活中，我们几乎被可燃物所包围，例如：我们的家里有木质家具、各种衣物、书籍、床上用品，许多室内装饰如地板、各种塑料制品、电线的包皮、可燃气体、可燃油类、一些可燃化学品等；在学校、商店、超市、影剧院等公共场所内的可燃烧物也不少，如室内装修材料、学生用书桌、柜橱、各种教学用品、学校的图书、实验用品及化学制剂等；山林、草原、野郊等处可燃物也很多，如各种干燥的植物枝叶等。

禁止乱动消防器材

帮助和支持可燃物燃烧的物质，即能与可

燃物发生氧化反应的物质称为氧化剂。燃烧过程中氧化剂主要是空气中游离的氧，另外如氟、氯等也可以作为燃烧反应的氧化剂。氧化剂更是存在于世界的每一个角落。

引火源是指供给可燃物与氧或助燃剂发生燃烧反应的能量来源。常见的是热能，其他还有化学能、电能、机械能等转变的热能。引火源通常是人为的因素所造成。比如，不当的电焊火花引燃的高层建筑发生大火；或是野外用火不当，引燃了森林大火；或是使用煤气不当因爆炸引起了大火等。

尽管可燃物包围着我们，尽管氧化剂随处可见，但是只要我们管住火源就不会发生火灾。

为了研究火灾的扑灭，人们研究了各种可燃物燃烧的特点，并进行了分类。我国就制定了《火灾分类》，并于2008年11月4日发布。

火灾根据可燃物的类型和燃烧特性，分为A、B、C、D、E、F六类。

A类火灾：指固体物质火灾。这种物质通常具有有机物质性质，一般在燃烧时能产生灼热的余烬。如木材、煤、棉、毛、麻、纸张等火灾。

B类火灾：指液体或可熔化的固体物质火灾。如煤油、柴油、原油、甲醇、乙醇、沥青、石蜡等火灾。

C类火灾：指气体火灾。如煤气、天然气、甲烷、乙烷、丙烷、氢气等火灾。

D类火灾：指金属火灾。如钾、钠、镁、铝镁合金等火灾。

E类火灾：指带电火灾。物体带电燃烧的火灾。

F类火灾：指烹饪器具内的烹饪物（如动植物油脂）等火灾。

根据不同的火灾类型，要采取不同的扑灭方法，比如固体物质火灾一般都采取用水扑灭，但如果液体或可融化的固体引起的火灾，就不能用水来扑灭，只能用化学泡沫来扑灭。

火灾的发生和气候有着密切的关系，大风、空气的温度、湿度是引发火灾的气象因素，为了预防火灾的发生，气象部门根据大风、空气的温度和湿度综合分析，对火灾发生的可能性做出预报。气象部门把这种预报分为低、中、高、强四个等级，这就是火灾发生指数。

低火险发生等级是指发生火灾的可能性小，大约有4%—9%的可能性。

中火险等级指城市有9%—16%发生火灾的可能性；县城有4%—7%发生火灾的可能性。

高火险等级指易发生有焰火灾的气象条件。城市发生火灾的可能性在16%—20%，县城在7%—10%。

强火险等级是指极易发生有焰火灾和爆炸性火灾的气象条件，且火灾难以控制，城市在20%以上，县城在10%以上。

人们为了灭火的报警快速、方便，设立了火警报警电话，这样可以做到在火灾发生时，第一时间向消防部门报警。那么火警电话为什么规定为119呢？

原因一是国际标准化管理的需要。20世纪70年代国际电报电话咨询委员会根据国际标准化管理的要求，建议世界各国火警电话采用"119"号

码；二是为了避免火警电话用"0"号开头与其他通讯服务相互影响；三是火灾具有突发的特点，为保证通讯畅通无阻，应将其并入"11"号开头的特别服务中去；四是"119"号码便于记忆，发生火灾时，想到"要、要、救"，以便联想到"119"拨打火灾报警电话。

当公民发现火灾、化学危险品事故和遇到灾害、险情时，可随时拨打"119"报警电话。报警时，首先要沉着，不要惊慌；二是要讲清楚起火单位、地址、燃烧对象、火势情况，并将报警人的姓名，所用的电话号码告诉消防队，以便联系。报警后，本人或派人到火场的交通路口、厂房门口或街道巷口接应消防车；三是要早报警，为消防部门灭火争取时间，减少财产损失。

如果消防部门接到假火警后，执勤中队立即出动，这样就会减少了备战力量，影响正常执勤秩序，当真的发生火灾时，原本就不充足的灭火力量显得更缺乏，造成火势蔓延，给国家和人民生命财产安全造成更大的损失。另外，消防车鸣警报出现在假火场，会引起人们心理恐慌，产生混乱，影响人们正常的生产、生活、工作秩序和社会秩序。

为了警示人们防火和灭火，在某些重要部位或某些空间、物体上都挂有消防标识，这些标识提醒人们注意防止火灾或是在火灾发生时应采取的措施。所以人们应该认识这些标识。

例如，禁止乱动消防器材，它提示人们要爱护消防设施，并不要乱动，以免火灾发生时影响灭火，在《消防法》中还有对破坏消防设施的行为追究责任，以及刑事责任的规定。

火灾猛如虎

在各种灾害中，火灾是最常见、最普遍的威胁公众安全和社会发展的主要灾害之一。人类能够对火进行利用和控制，是文明进步的一个重要标志。所以说人类使用火的历史与同火灾作斗争的历史是相伴相生的，人们在用火的同时，不断总结火灾发生的规律，尽可能地减少火灾及其对人类造成的危害。

随着社会的不断发展，在社会财富日益增多的同时，导致发生火灾的危险性也在增多，火灾的危害性也越来越大。据统计，我国20世纪70年代火灾年平均损失不到2.5亿元，20世纪80年代火灾年平均损失不到3.2亿元。进入20世纪90年代，特别是1993年以来，火灾造成的直接财产损失上升到年均十几亿元，年均死亡人数2 000多人。实践证明，随着社会和经济的发展，消防工作的重要性就越来越突出。

1994年12月8日，在新疆克拉玛依市友谊馆内，7所中学、8所小学，共15个规范班的学生、教师向有关领导作汇报演出。天真可爱的孩子们身着节日的盛装，每个人的脸上都洋溢着幸福的微笑。

忽然，舞台幕布被火柱灯烤着，迅速燃烧起来，火势蔓延，很快点燃了电线。"啪"地一声，电线短路，全场一片黑暗，霎时间惊叫声、呼喊声、奔跑声乱成一片。孩子们东撞西碰，无法冲出火海。肆虐的火魔像一头发怒的巨兽，大火燃烧时释放出来的烟雾毒气，即刻充满了礼堂。谁能相信，刹那之间，原本活蹦乱跳的孩子，竟变成了一具具冰冷的尸体。这场火灾，致使师生共325人死亡，其中中小学生288人，130人重伤住院。

2010年11月15日14时，上海余姚路胶州路一栋高层公寓起火。公寓内住着不少退休教师，起火点位于10到12层之间，整栋楼都被大火包围着，楼内还有不少居民没有撤离。截至11月19日10时20分，大火已导致58人遇难，另有70余人正在接受治疗。事故原因已初步查明，是由无证电焊工违章操作，事故现场违规使用大量尼龙网、聚氨酯泡沫等易燃材料；以及有关部门安全监管不力等问题引起的。

自地球出现森林以来，森林火灾就时有发生，当然，那时的森林火灾都是来自自然，并没有人类活动引起的火灾。以后随着人类的活动，有许多森林火灾是由于人类不慎在野外用火而引发的森林火灾。

现在，全世界每年平均发生森林火灾20多万次，烧毁森林面积约占全世界森林总面积的1‰以上。欧洲、美国、俄罗斯、印尼、澳大利亚、中国都是森林火灾多发国家。

对俄罗斯西伯利亚地区来说，夏天是一个可怕的季节。该地区面积广阔的寒带森林是地球生态系统至关重要的组成部分，然而在过去的20年中，该地区森林大火的数量却增加了10倍。据统计，2002年俄罗斯损失了1 170万公顷的森林，2003年这一数字更高达2 370万公顷，这一面积几乎相当于整个英国。

1976年发生在澳大利亚的火灾，烧毁森林及草原1.2亿公顷，占国土面积的1／7，这次大火灾曾有"世界火海"之称。

1997年夏季被称为"世纪灾难"的印度尼西亚的森林大火也烧了几个月，烧毁森林30多万公顷，直接经济损失达1 250万美元。森林中许多珍贵热带树木和动物化为灰烬。大火产生的烟雾严重威胁着东南亚地区人民的健康。印尼本国受害者多达2 000多万。这场大火的烟雾造成大范围的呼吸道疾病，患者多达5万人以上。

中国现在每年平均发生

森林火灾约1万多次，烧毁森林几十万至上百万公顷，约占全国森林面积的5—8‰。1987年5月黑龙江大兴安岭发生了特大森林火灾，火灾面积101万公顷，其中有林面积占70%。

森林火灾不仅烧死、烧伤林木，而且直接减少森林面积，严重破坏森林结构和森林环境，导致森林生态系统失去平衡，森林生物量下降，生产力减弱，益兽益鸟减少，甚至造成人畜伤亡。高强度的大火，能破坏土壤的化学、物理性质，降低土壤的保水性和渗透性，使某些林地和低洼地的地下水位上升，引起沼泽化；另外，由于土壤表面炭化增温，还会加速火烧迹地干燥，导致阳性杂草丛生，不利森林更新或造成耐极端生态条件的低价值森林更替。

火灾的克星

火灾虽然可怕，但它也有克星。英勇的消防队员、先进的消防设备就是火灾最大的克星。

火灾像一个怪魔吞食着人的生命和财产，和烈火战斗的是一群可敬的消防队员。无论什么时间，什么地点，只要接到任务，消防队员们都会急速地赶赴火灾现场，奋不顾身地和熊熊烈火进行战斗，有的消防人员甚至献出了宝贵的生命。

灭火的工具和灭火方法都在不断地更新换代，大大地提高了灭火的效

率。这些灭火设施器械在科技进步的今天更是显现了无穷的威力。

消防队员的个人装备也极具现代化，他们每个人都配有消防服、头盔、消防手套、消防战斗靴、安全钩、安全绳、呼吸器及消防队员呼救器等。

消防指挥服和防护服，都是用耐燃材料制作的。其颜色十分显眼以便在火中辨认。具有多功能通讯器材胸兜，颈部全封闭保护，袖口、裤脚羊皮边条阻水上浸、阻燃罗纹袖口及拇指绊防衣袖下滑手腕保护；宽松风琴式裤兜防存水，裤前门襟重叠保护；腰部保护，档部加固加强，裤腰松紧可调；膝盖添加双层耐磨面料，设内兜便于装填个人资料。

消防头盔采用硬度和韧性很强的耐高温材料制成，具有耐高温，绝缘性能高，抗冲击和抗穿刺能力强的特点。特殊的帽形设计，可有效保护消防员的头部、眼部和面部。头骨发射式通讯系统，具有高发射信号、高清晰音质，不受外界杂音干扰的性能，可与100多种对讲机配套使用。

消防员战斗靴，靴面为黄色，靴底为黑色。内层面料腿部为机织棉帆布，脚部为机织料。设计符合人体工程学和实战需要，具有较强的防刺穿和防电击功能。在靴靿部设有提梁，穿脱方便自如；在小腿迎面骨处和双脚外踝部，设有防撞击缓冲垫，可有效保护腿部和脚部。

消防员呼救器重量为165克，静止报警时间为20秒，电源可连续使用不低于5小时，具有防水、防爆，耐挤压、耐高温，抗扔性能，壳体上装有快速闪光报警灯。

消防队员正压式空气呼吸器由面罩、减压器组件、高压软管、报警气哨、压力表组件等构成，使用时间为68分钟。整机重量仅有几公斤。大视野球形面罩，下设传声发话器，且不影响视野。减压器上设有多人备用接口，便于升级转换成连接双气瓶或他接头等。镶嵌在背板内的所有管路均能360度转动，压力表和报警气哨为一体，表盘上有荧光，黑暗处也可观看压力值。气瓶阀带自锁机构，可防止刮碰时意外关闭。

消防队员穿上这套装备，不怕硝烟、不怕烈火、不怕毒气，可以毫不畏惧地冲向火海的任何一处。

为了在最快的时间到达火灾现场，消防队员可以乘坐大小、功能各有所异的消防车，或乘坐直升机到达。

随同一起到达的还有指挥车、救火车、云梯车、保障车及为呼吸器充气的充气车等。

为了适应新旧城区街路狭窄，或是高层大厦的防火救援需要，消防车也呈多样化，有可以举高110米的举高高喷消防车，也有微小的可在旧城区或是狭窄街路穿行的微型消防车，或是在建筑物内也可通行的消防摩托等等。

高喷消防车可同时装载8吨水和10吨泡沫。高喷消防车还有一双"火眼金睛"，高喷消防车喷头处安装有摄像头，它能在烈火浓烟中查清着火点，并将现场实况传递给后方，消防官兵通过后方电脑，操纵设在车尾部

的操纵盘控制高喷喷头进行喷射扑救。

消防设施里最新式的武器应该是消防导弹了，这种消防导弹可以装置在消防车上，在高层建筑物起火时，瞄准起火点向高层建筑物发射灭火弹灭火，不用消防队员直接进入火场灭火，以减少消防队员的危险，或争取最集中灭火时间。

如今，灭火系统和灭火器材设施也遍布城乡，不只是消防专门机构拥有。为更好地解决现代高楼林立的防火问题，许多城乡的建筑物都在设计时就设计了用于防火的设施和通道。

例如：大商场、酒店、运动场、剧院、仓库等人员聚集或是物资集中地，或是重点单位等都有国家的防火标准，按标准建设了防火通道、消防喷头、防火门、防火墙、火灾报警装置等，以备发生火灾紧急灭火时使用。

现代对山林火灾的监视和扑灭，也是过去人工灭火所无法比拟的。天上有卫星监测森林的火情，地上有瞭望台监视森林的动态，一旦发生火灾，森林消防队会乘坐小型飞机或直升机空降消防队员，也可乘坐山林消防车抵达，他们可用定向爆破的方法炸出防火隔离道，以阻止火势蔓延，也可以用直升机从空中用水灭火。

面对火灾

自从人类开始使用火以来，火灾就伴随着人类。对于火灾，在我国古代，人们就总结出"防为上，救次之，戒为下"的经验。

家庭火灾应急要点

● 炒菜油锅着火时，应迅速盖上锅盖灭火。如没有锅盖，可将切好的蔬菜倒入锅内灭火。切忌用水浇，以防燃着的油溅出来，引燃厨房中的其他可燃物。

● 电器起火时，先切断电源，再用湿棉被或湿衣物将火压灭。电视机起火，灭火时要特别注意从侧面靠近电视机，以防显像管爆炸伤人。

● 酒精火锅加添酒精时突然起火，千万不能用嘴吹，可用茶杯盖或小菜碟等盖在酒精罐上灭火。

● 液化气罐着火，除可用浸湿的被褥、衣物等捂压外，还可将干粉或苏打粉用力撒向火焰根部，在火熄灭后关闭阀门。

● 发生火灾逃生时，应用湿毛巾捂住口鼻，背向烟火方向迅速离开。

● 逃生通道被切断、短时间内无人救援时，应关紧迎火门窗，用湿毛巾、湿布堵塞门缝，用水淋透房门，防止烟火侵入。

温馨提示

● 家中无人时，应切断电源、关闭燃气阀门。

● 不要卧床吸烟，乱扔烟头。

● 不要围观火场，以免妨碍救援工作，或因爆炸等原因受到伤害。

● 家庭应备火灾逃生"四件宝"：家用灭火器、应急逃生绳、简易防烟面具、手电筒。将它们放在随手可取的位置，危急关头便能派上大用场。

高楼失火应急要点

高层建筑楼道狭窄、楼层高，发生火灾不容易逃生，救援困难，而且常因人员拥挤阻塞通道，造成互相踩踏的惨剧。如我们遇到高楼失火时，谨记以下要点：

● 及时扑救。可利用各楼层的消防器材扑灭初起火焰。

● 向下不向上。因火势向上蔓延，应用湿棉被等物作掩护快速向楼下有序撤离。

● 关紧房门。离开房间以后，一定要随手关门，使火焰、浓烟控制在一定的空间内。

● 注意防烟。用湿毛巾等物掩住口鼻，保持低姿势前进，呼吸动作要小而浅。带婴儿逃离时，可用湿布轻轻蒙在婴儿脸上。

● 理性逃生。利用建筑物阳台、避难层、室内设置的缓降器、救生袋、应急逃生绳等进行逃生，也可将被单、台布结成牢固的绳索，牢系在窗栏上，顺绳滑至安全楼层。

● 等待救援。当通道被火封住，欲逃无路时，可靠近窗户或阳台呼救，同时关紧迎火门窗，用湿毛巾、湿布堵塞门缝，用水淋透房门，防止烟火侵入。

● 靠墙躲避。因为消防人员进入室内救援时，大都是沿墙壁摸索行进的。

温馨提示

● 火灾现场能见度非常低，保持镇静、不要盲目行动是安全逃生的重要前提。

● 因供电系统随时会断电，千万不要乘电梯逃生。

● 等待救援时，应尽量在

阳台、窗口等易被发现的地方等待。

● 不要轻易跳楼。只有在消防队员准备好救生气垫或楼层不高的情况下，才能采取此方法。

● 公共通道平时不要堆放杂物，否则既容易引起火灾，又妨碍火灾发生时的逃生及救援。

人员密集场所火灾应急要点

酒店、影剧院、超市、体育馆等人员密集场所一旦发生火灾，常因人员慌乱、拥挤而阻塞通道，发生互相践踏的惨剧，或由于逃生方法不当，造成人员伤亡。

● 发现初起火灾时，应利用楼层内的消防器材及时扑灭。

● 要保持头脑清醒，千万不要惊慌失措、盲目乱跑。

● 火势蔓延时，应用衣服遮掩口鼻，放低身体姿势，浅呼吸，快速、有序地向安全出口撤离。尽量避免大声呼喊，防止有毒烟雾进入呼吸道。

● 离开房间后，应关紧房门，将火焰和浓烟控制在一定的空间内。

● 利用建筑物阳台、避难层、室内设置的缓降器、救生袋、应急逃生绳等进行逃生，或将被单、台布结成牢固的绳索，牢系在窗栏上顺绳滑至安全楼层。

● 逃生无路时，应靠近窗户或阳台，关紧迎火门窗，向外呼救。

温馨提示

● 人员密集场所的安全门或非常出入口都有明显标志，平时应多加留心。

● 因供电系统随时会断电，千万不要乘电梯逃生。

● 不要轻易跳楼，除非火灾已危及生命。

● 下榻宾馆、酒店后，应特别留心服务方提供的火灾逃生通道图，或自行了解安全出口的方位。

● 逃生时千万不要拥挤。

汽车失火应急要点

汽车失火不仅威胁司乘人员的生命安全，毁损车辆，而且还会严重影响交通秩序。公共汽车失火时，司售人员要果断采取自救、防护和逃生措施，保障乘客的生命和财产安全。

● 汽车发动机起火，应迅速停车，切断电源，用随车灭火器对准着火部位灭火。

● 车厢货物起火，应立即将汽车驶离重点要害地区或人员集中场所，并迅速报警。同时，用随车灭火器扑救。周围群众应远离现场，以免发生爆炸受到伤害。

● 汽车加油过程中起火，应立即停止加油，疏散人员，并迅速将车开出加油站（库），用灭火器及衣服等将油箱上的火焰扑灭。地面如有流洒的燃料着火，立即用库区灭火器或沙土将其扑灭。

● 汽车在修理中起火，应迅速切断电源，及时灭火。

● 汽车被撞后起火，应先设法救人，再进行灭火。

● 公共汽车在运营中起火，应立即开启所有车门，让乘客有秩序地下车。然后，迅速用随车灭火器扑灭火焰。若火焰封住了车门，乘客可用衣服蒙住头部，从车门冲下，或者打碎车窗玻璃，从车窗逃生。

温馨提示

● 不准携带易燃、易爆等危险品乘坐公共交通工具。

● 应随车配备灭火器，并学会正确使用。

森林火灾应急要点

森林火灾烧毁森林的动植物资源，破坏生态环境，导致水土流失，经济损失巨大，甚至造成人员伤亡。

● 发现森林火灾应及时报警，准确报告起火方位、火场面积以及燃烧的植被种类。

● 发现自己处在森林火场中，要保持头脑清醒，并迅速向安全地带转移。选择火已经烧过或杂草稀疏、地势平坦的地段转移；穿越火线时要用衣服蒙住头部，快速逆风冲越火线，切忌顺风在火线前方逃跑。

● 发现火灾肇事者，应及时向森林公共安全机关报告，提供相关线索，或者控制、抓获嫌疑人。

发生火灾如何逃生

火灾无情，一旦发生火灾，同学们要保持清醒的头脑，争分夺秒，快速离开。万一被火围困，更要随机应变，设法脱险。

平房起火如何脱险？

1. 睡觉时被烟呛醒，应迅速下床俯身冲出房间。不要等穿好了衣服才往外跑，此刻时间就是生命。

2. 如果整个房屋起火，要匍匐爬到门口，最好找一块湿毛巾捂住口鼻。如果烟火封门，千万别出去！应该改道走其他出口，并随手把你通过

的门窗关闭，以延缓火势向其他房间蔓延。

3.如果你被烟火围困在屋内，应用水浸湿毯子或被褥，将其披在身上，尤其要包好头部，用湿毛巾蒙住口鼻，做好防护措施后再向外冲，这样受伤的可能性要小得多。

4.千万不要趴在床下、桌下或钻到壁橱里躲藏。也不要为抢救家中的贵重物品而冒险返回正在燃烧的房间。

教学楼起火时如何脱险？

现代教学楼由于楼层逐渐增高，结构越来越复杂，学生密度大，加上课桌、课椅等可燃物较多，当发生火灾时，逃离比较困难。一旦教学楼着火，应当按以下方法逃生：

1.当发现楼内失火时，切忌慌张、乱跑，要冷静地探明着火方位，确定风向，并在火势未蔓延前，朝逆风方向快速离开火灾区域。

2.起火时，如果楼道被烟火封死，应该立即关闭房门和室内通风孔，防止进烟。随后用湿毛巾堵住口鼻，防止吸入烟尘和有毒气体，并将身上的衣服浇湿，以免引火烧身。如果楼道中只有烟没有火，可在头上套一个较大的透明塑料袋，防止烟气刺激眼睛和吸入呼吸道，并采用弯腰的低姿势，逃离烟火区。

3.千万不要从窗口往下跳。如果楼层不高，可以在老师的保护和组织下，用绳子从窗口降到安全地区。

4.发生火灾时，不能乘电梯，因为电梯随时可能发生故障或被火烧坏；应沿防火安全疏散楼梯向底楼跑；如果中途防火楼梯被堵死，应立即返回到屋顶平台，并呼救求援。也可以将楼梯间的窗户玻璃打破，向外高声呼救，让救援人员知道你的确切位置，以便营救。

楼梯被火封锁后怎么办？

楼梯一旦被烧断，或被大火阻断，似乎陷入"山穷水尽"的绝境，其实不然。

1.可以从窗户旁边安装的落水管道往下爬，但要注意察看管道是否牢固，防止人体攀附上去后断裂脱落造成伤亡。

2. 将床单撕开连结成绳索，一头牢固地系在窗框上，然后顺绳索滑下去。

3. 楼房的平屋顶是比较安全的处所，也可以到那儿等待救援。

 情景演练

 消防逃生演习

准备：

每个学生自备一块手帕、模拟警报器一架、自制火圈、火墙、灭火弹等

过程：

（1）在消防逃生演习时，教师要求学生如果听到警报声，要立即有秩序地离开教室。

（2）鸣响警报器后，教师提醒学生立即放下手中物品，一个跟着一个地经过走廊，跑到户外草坪集合。

（3）教会学生在撤离"火灾现场"时，要用手帕捂住口鼻，以免被浓烟熏到。

（4）教师扮演"指导员"，学生扮演"消防队员"，参加"消防演习"，承担在操场上进行钻"火圈"、过"小桥"、向大墙投掷"灭火弹"等内容的演习任务。

温馨提示：

（1）活动应由消防队员来指导完成。

（2）活动时要时刻注意安全。

 相关链接

钻木取火与人类文明

　　钻木取火是根据摩擦生热的原理产生的。木原料的本身较为粗糙，在摩擦时，摩擦力较大会产生热量，加之木材本身就是易燃物，所以就会生出火来。钻木取火的发明来源于我国古时的神话传说。燧人氏是传说中发明钻木取火的人。

　　根据我国的传说，钻燧取火的燧人氏是最早能够使用火的中国古代先民。

　　燧人氏作钻燧取火后，其钻木工具称燧，后人又发明利用金属向太阳取火，于是又有"木燧"和"阳燧"之分。

　　汉以后，人们发现用金属与石相击，也可摩擦得火，于是，简单的铁片就可成为阳燧。人们一出门，一般腰间都左佩阳燧，右佩木燧，以备随时取火用。另备有艾加上硝水制成的火绒，当摩擦得到火星掉在绒上燃烧时，再用"发烛"接引得火。所谓的"发烛"，是用退皮的麻秸做成的

小片状，长五、六寸，用硫磺浸泡过，遇火即燃。

这些传说或是记载并无考古证实，因此，实际上究竟是何人发明了人工取火是无科学事实的。

不过有一点可以肯定，我国远古人类开始使用火的时间大约在100万年前左右，考古挖掘发现我国在100多万年前的元谋人生活遗址中，就有用火的痕迹。至于何人发明的人工取火至今还没有清楚有力的证据。

传说自从发明了人工取火，火也成为原始人狩猎的重要手段之一。例如：用火驱赶、围歼野兽，行之有效，提高了狩猎生产能力。

蒸汽机的发明使人类进入了工业社会，这蒸汽机、内燃机被装在了工厂矿山、被装上了汽车、火车、飞机，使我们这个世界大变样。

蒸汽机就是用火的热量烧开了锅炉的水而产生蒸汽，让蒸汽机车前进，让轮船前进。内燃机是在燃烧汽油或是煤油、柴油，使内燃机产生的动力，使火车奔驰，使汽车奔驰，使船舰在水中游弋，使飞机在蓝天翱翔。

烟囱效应

烟囱效应是指空腔内空气受热后，沿着有垂直坡度的空间向上升，造成空气加强对流的现象。有时烟囱效应也可能是逆向的。

最常见的烟囱效应是火炉、锅炉中的燃料燃烧时，产生的热空气在烟囱的空间内向上升，从烟囱的顶部离开。因为烟囱中的热空气散溢，而炉里的空间就由外部的气流进入补充，往复循环，这就使火炉中的氧气不断得到补充，而二氧化碳不断排出，炉内的燃烧条件不断得到改善，炉火燃烧得更旺。

烟囱效应的强度与烟囱的高度，室内及户外温度差距，还有室内外空气流通的程度有关。

建筑师在高层建筑设计中，利用热压差实现自然通风就是利用的"烟囱效应"，在建筑上部设排风口可将污浊的热空气从室内排出，而室外新鲜的冷空气则从建筑底部被吸入。

但是，烟囱效应在高层建筑中往往也带来防火的难题，在高楼大厦的环境内，烟囱效应是使火灾猛烈加剧的原因。

在低层发生的火灾造成的热空气，因为密度较低，经电梯槽、排风道、送风道、排烟道、电梯井及管道井等竖向井道往上流动，使高热气体不断在通道的顶部积聚，结果使火势透过这种空气的对流向上部蔓延。不单使扑救变得更困难、更会使逃生人员的生命安全受到危协。所以高层建筑的防火设计都有特殊的要求，以减轻意外火灾中的烟囱效应。

观察与调查

推动世界前进的轮子

大约在6 000年前，人类发明了轮子，并很快在生活与生产中得到了广泛地应用。首先在制作陶器中，用一个转动的圆轮子做转盘，手工生产圆形陶器。后来人们发明了轮式车辆，这一发明如同人类发明钻木取火一样，加快了人类走向文明的步伐，以致到了近代促进了工业革命的到来。因此人们说，汽车的发明为世界装上了轮子。

圆和轮子

大自然中存在着许多的圆形物体，几乎到处都可以看见圆形物体。例如：当白天时我们抬头就会看见为我们地球送来温暖的似如火球的太阳，夜间很自然地就会在一些日子里看到似如银盘的月亮。至于那些永远也数不尽、朵朵盛开的鲜花的外形轮廓也有很多是圆形的，植物的枝干大多都是圆柱形的，叶子上的露珠也是球体的……

因此，人类也对圆形情有独钟，于是人类制造了许许多多的圆形物体，吃饭用的餐具几乎都是圆形的，各种交通工具的轮子也都是圆形的，圆形的金银币、圆形的齿轮组组成了各种机械等等。

几何学为圆下了这样的定义，平面上到定点的距离等于定长的所有点组成的图形叫做圆。定点称为圆心，定长称为半径。

现代人研究、推测，古代人最早可能是从太阳、从月亮得到圆的概念的。18 000年前的山顶洞人曾经在兽牙、砾石和石珠上钻孔，那些孔有的就很圆。以后到了陶器时代，许多陶器都是圆的。圆的陶器是将泥土放在一个转盘上制成的。当人们开始纺线，又制出了圆形的石纺锤或陶纺锤。这些都是在人类初期认识圆和在生活生产中实际的应用。

古代人认识了圆，并且在生活、生产实践中会应用圆，但是他们不一定就懂得圆的性质，所以才会认为圆很神奇，于是有很多人探索圆的秘密。

古代埃及人就认为：圆，是神赐给人的神圣图形。一直到2 000多年前我国的墨子才给圆下了一个定义："一中同长也"。意思是说：圆有一个圆心，圆心到圆周的长都相等。这个定义比希腊数学家欧几里得给圆下定义要早100年。

圆周率任意一个圆的周长与它直径的比值是一个固定的数，我们把它叫做圆周率，用字母 π 表示。它是一个无限不循环小数，$\pi = 3.1415926535$……但在实际运用中一般只取它的近似值，即 $\pi =$

3.14。如果用 C 表示圆的周长：C=πd 或 C=2πr。《周髀算经》上说："周三径一"，把圆周率看成 3，但是这只是一个近似值。

美索不达米亚人在发明第一个轮子的时候，也只知道圆周率是 3。魏晋时期的刘徽于公元 263 年给《九章算术》作注。他发现"周三径一"只是圆内接正六边形周长和直径的比值。他创立了割圆术，认为圆内接正多边形边数无限增加时，周长就越逼近圆周长。他算到圆内接正 3 072 边形的圆周率，π=3927 / 1250。刘徽已经把极限的概念运用于解决实际的数学问题之中，这在世界数学史上也是一项重大的成就。

祖冲之在前人的计算基础上继续推算，求出圆周率在 3.1415926 与 3.1415927 之间，是世界上最早的七位小数精确值，他还用两个分数值来表示圆周率：22 / 7 称为约率，355 / 113 称为密率。

在欧洲，直到 1 000 年后的十六世纪，德国人鄂图和安托尼兹才得到这个数值。现在有了电子计算机，圆周率已经算到了小数点后 12 400 亿位了。

说起轮子的发明时间，据现在的考古发现可认定大约是在 6 000 年前。那么又是谁发明了轮子呢？人们只能认定是美索不达米亚人，做出了世界上第一个轮子——圆的木盘。至于究竟是哪一个人最先制作出第一个轮子，因年代较远已经无从考证。不过可以认定这个无从考证的发明，那可是人类最为伟大的发明之一。

轮子的发明首先在制作陶器方面得到了应用，这就使手工制作陶器的效率和质量大大提高，生产力水平也就大幅提高。

轮子的应用还不仅如此，几乎就在同时期轮子促生了轮式车辆的诞生，从此，车辆就像给社会装上了轮子，为社会的文明插上了翅膀，让社会飞速发展，这也充分体现了科技是推动社会前进的第一要素。

自由狂奔的汽车

随着人类的进步与发展，人们对自然界的认识越来越深，利用自然、改造自然的能力日益增强，人们不仅使用人力、畜力，而且知道使用水力、风力、电力、热力、机械力等。

1886年1月29日，卡尔·苯茨以一辆汽油发动机三轮车获得汽车制造专利权。这一天被公认为世界首辆汽车诞生日。

汽车自19世纪末诞生以来，已经走过了风风雨雨的100多年。这100多年来，汽车发展的速度是如此惊人，汽车的发明和普及像似为社会装上了轮子，促进社会的飞速发展。

如今，我们可以随心所欲地使用各种各样的、功能各异的汽车，但在汽车发明的初期，它只是一种新鲜的、较比马车快一些的新发明而已，甚至还有些人对汽车并不看好。不过，我们应该感谢那些汽车发明者和使其普及的先驱们，是他们给我们发明了这种方便的交通工具，也让我们认识了这种改变人类行动方式的交通工具。

1769年，法国人曾发明、制造了世界上第一辆蒸汽驱动三轮车。此后英国人、美国人也制造了蒸汽机车，并投入了公共运营。不过这种蒸汽机车十分笨重，速度也相当慢，有点像现在的压路机一样笨重，这是汽车发明的第一个里程碑。

由于蒸汽机车本身又笨又重，乘坐蒸汽机车又热又脏，为了改进这种发动机，艾提力·雷诺在1800年制造了一种与蒸汽机不同的内燃机。1876年奥托又发明了新的发动机，这种发动机具有进气、压缩、作功、排气四个行程，大大地提高了发动机效率。内燃机的发明和改进为汽车的诞生奠定了基础。

1879年德国工程师卡尔·苯茨首次试验成功，一辆苯茨专利三轮汽车诞生了。

与此同时，在1893年苯茨与戴姆勒，制作了世界上第一辆汽油发动机驱动的四轮汽车。后人尊崇苯茨和戴姆勒为汽车工业的鼻祖。苯茨和戴姆勒树立了汽车发明的第二个里程碑。

进入20世纪以后，汽车领域不再仅是欧洲人的天下了，特别是亨利·福特在1908年10月开始出售著名的"T"型车时，这种车产量增长惊人，短短19年，就生产1 500辆。此间的1913年福特汽车公司还首次推出了流水装配线的大量作业方式，使汽车成本大跌，汽车价格低廉，使汽车不再仅仅是贵族和有钱人的豪华奢侈品了，它开始逐渐成为大众化的商品。20世纪30年代的美国，福特采用流水作业生产汽车，在汽车发展史上树起了第三个里程碑。

如今已有许多公司把各种先进技术和装备，如微型电子计算机、无线电通讯、卫星导航等等新技术、新设备和新方法、新材料，广泛应用于汽车工业中，汽车正在走向自动化和电子化。有了卫星导航系统，汽车可接收交通卫星的通信资料，确定汽车所在位置，从而自动提供最优行车路线，并且显示出电子交通图；汽车的雷达系统可以把障碍物的距离和大小告诉给驾驶员，这样停车就更容易；而语言感知系统可以用图、表和声音告诉驾驶人员汽车的各个部位情况，此外还可按"音"行事，实现了语音控制执行驾驶有关指令等等。

另外汽车的能耗，排放废气、噪声和污染等公害也日渐减少，安全性、使用方便性日益提高。

100多年来，汽车工业的发展，带动了科学技术的发展，科学技术的发展又推动了汽车工业的发展。

起初，汽车还只是人类代步的工具，后来汽车的发展使汽车的家族成员越来越多，汽车家族已形成了有数不清的种类和型号的一个庞大的家族。

有的汽车用于运输各种货物，有的汽车可以进行各种工程作业，有的汽车甚至可以执行各种特殊任务，汽车的用途越来越广泛了。

　　1903年夏天，美国波士顿警察局购买的一辆斯坦雷蒸汽汽车，是最早的警用车。这种车被用来代替巴克贝伊地区一直使用的4匹马拉的警车。

　　福特公司加拿大分公司生产出一种巨型"大力神式"载货汽车，车长20.5米，宽7.75米，自重250吨，可以装载600吨货物，发动机功率为2 425千瓦（3 300马力），共有10个车轮，每个车轮高3.5米。被人们称为最早的载重最大的汽车，不过和现代的最大的搬运汽车美国搬运土星5号火箭的搬运汽车相比就显得力不从心了，这辆车长35米，高6米，自重2 700吨，当它载运土星5号火箭时，总重量为5 400吨，其载重量相当两列火车，这样大的搬运车不能快速行驶，只能以1.6公里的时速缓慢地把火箭运往发射场。

　　意大利制造了一辆载重量为3 600吨的汽车，有1 152个车轮，牵引部分有8台发动机。该车由电子计算机操纵，通过传递器，能反映每一瞬间汽车重心移动和道路的特点。

当然，汽车发展到今天，给人们带来的麻烦也不少，甚至让人忧虑。过多的汽车使交通事故大幅上升，道路拥塞令人焦虑不安，更使人难以忍受的是对大气的污染与日俱增，而有限的矿物能源已面临枯竭的边缘。

科学家们面临汽车带来的许多问题，正在寻找新的途径以解决汽车带来的麻烦，于是一些新型能源为动力的汽车，如：氢动力汽车、电池驱动的汽车、太阳能汽车等纷纷亮相。

循规蹈矩的轨道车辆

今天，当一列列火车风驰电掣般地从我们面前闪过，迅速地从视野消失驶向远方时，我们禁不住会发出由衷的赞叹，发明火车的人真是了不起，为后人留下这种既快捷又方便舒适的交通工具。

比起自由狂奔的汽车，火车就规矩多了。火车是一种轨道车辆，它必须在两条铁轨上飞驰，离开铁轨就会无法运行，如果在运行中离开铁轨会造成事故，可以说它是循规蹈矩的轨道交通工具。

欧洲工业革命以后，以机器大工业生产代替了工场手工业，因而劳动生产率几倍甚至几十倍的快速增长。机器大工业需要大量的燃料、原料；同时，也要把生产出的大量产品运往各地。

当时，运输主要依靠水上的船舶，陆地上的马车。这种运输方式与大工业的需要是个很大的矛盾，远远满足不了工业原料集中和产品集散的需要，机器大工业呼唤着现代运输工具的诞生。

火车就是在社会生产力大幅度地发展和急切地社会需要中诞生的。早在16世纪中叶，英国的钢铁工业兴起，到处都搞采矿。可是，当时矿山的运输还很落后。铁矿石全靠马拉、人背，劳动效率很低。有个公司的老板，为了多运铁矿石，想了一个办法：从山上向坡下平放两股圆木，让中间的距离相同，一根接一根地摆到山下。当装满矿石的斗车，顺着两股圆木下滑的时候，山上的人大声喊叫着："注意，车下来啦。"山下的人也大声回答道："车到啦，好！"这就是初期的木头轨道。

木头轨道制作简单，由上向下运送重物也很省力，一时受到欢迎。不过，如果在平地上使用木头轨道效果不大，省力不多。而且，这种木头轨道不耐用，磨损大。

到了1767年，有人试着拿生铁来做轨道，以取代木头轨道。人们便称其为铁路了。铁轨比木头轨道的体积小许多，它直接放在地面上，斗车的轮子也是铁制的，推起来发生阵阵响声，运煤、送货也省劲。但是，斗车内装的东西不能过重。如果东西过重，会将铁轨压坏，同时损坏货物。要想解决这个问题，必须解决地面的承受力问题，同时还要考虑铁轨的长度问题。就是在解决这些问题的过程中，逐渐产生了后来的铁路。

火车很重，有人说如果把这个重量分散到枕木上，再由枕木分散到"道床"上，道床所受的力再均匀地分散到路基上，这个力量就变得小了许多。经过这样的传递过程，接触面积逐渐增大，单位面积的压力就相应降低，路基就不会被压坏了。这个设计的思路是很科学的，可以说，今天的铁路仍然是根据这个道理建成的。

在1804年，一个名叫德里维斯克的英国矿山技师，首先利用瓦特的蒸汽机造出了世界上第一台蒸汽机车。这是一台单一汽缸蒸汽机，能牵引5节车厢，它的时速为5至6公里，这就是最初的火车雏形。因为当时使用煤炭或木柴做燃料，所以人们都叫它"火车"，于是，火车这个名字一直沿用至今。这台机车没有设计驾驶室，机车行驶时，驾驶员跟在车旁边走边驾驶。

1807年，英国人特里维希克和维维安成功制造了用蒸汽机推动的车子，可是这车子太笨重了，难以在普通的道路上行走，而他们也没想到把这辆车放到铁轨上去，所以不久

也就弃之不用了。

直到1814年，放牛娃出身的英国工程师斯蒂芬森造出了在铁轨上行走的蒸汽机车，正式发明了火车。

斯蒂芬森出生于1781年，父亲是煤矿上的蒸汽机司炉工。母亲没有工作。一家8口全靠父亲的工资收入生活，日子过得很艰难。14岁那年，斯蒂芬森也来到煤矿，当上了一名见习司炉工。他很喜欢这个工作，别人下班了，他却认真地擦洗机器，清洁零部件。多次的拆拆装装，使他掌握了机器的结构。他渴望掌握更多的知识，辛勤工作一天后，就去夜校上课。因他从没上过正式的学校，所以最初在夜校学习时困难重重，但由于他聪明好学，勤奋钻研，很快掌握了机械、制图等方面的知识。

一次，他用书本上学到的知识，结合工作的实际，设计了一台机器。煤矿上的总工程师看到他设计的机器草图，大加赞赏，这给了斯蒂芬森很大的鼓励。他学习工作更加努力勤奋了，不久便成为了一名熟练的机械修理工。

当斯蒂芬森得知特里维希克和维维安造出了在普通道路上行驶的蒸汽机车，但由于车子过于笨重，在普通道路上难以行驶的消息后，斯蒂芬森总结他们失败的教训，开始研制蒸汽机车，他改进了产生蒸汽的锅炉，把立式锅炉改成卧式锅炉；并作出了一个极有远见的重大决断，决定把蒸汽机车放在轨道上行驶；在车轮的边上加了轮缘，以防止火车出轨；又在承重的两条路轨间加装了一条有齿的轨道。因为当时考虑蒸汽机车在轨道上行驶，虽可避免在一般道路上因自身太重而难以行走的缺点，可在轨道上也会产生车轮打滑的问题，所以，在机车上装上棘轮，让它在有齿的第三轨上滚动而带动机车向前行驶。

1814年，斯蒂芬森的蒸汽机车火车头问世了。他发明的这个铁家伙有5吨重，车头上有一个巨大的飞轮。这个飞轮可以利用惯性帮助机车运动，斯蒂芬森为他的发明取了个名字叫"布鲁克"。这个布鲁克可以带动总重约30吨的8个车厢。在以后的10年中，他又造了11个与布鲁克相似的火车头。

斯蒂芬森的新发明也有很多缺点，最明显的缺点是震动太大。记得它在行驶过程中，甚至震翻了车；其次是速度慢，当它和马车赛跑时，马车竟把火车远远地甩在了后面。但是，斯蒂芬森并不气馁，经过改进重新设计了一辆火车。

在设计制造火车的同时，他说服了当时正在筹划铺设从斯托克顿到达灵顿供马拉车用铁轨的皮斯先生，皮斯听了斯蒂芬森的建议，就委托他制造一台火车头。斯蒂芬森受委托后，加紧了工作的步骤。终于造出了一辆新的更先进的蒸汽机车。

1825年9月27日，在英国的斯托克顿附近挤满了4万余名观众，铜管乐队也整齐地站在铁轨边，人们翘首以待，望着那卧榻碗蜒而去的铁路。铁路两旁也拥挤着前来观看的人群。忽然人们听到一声激昂的汽笛声，一台机车喷云吐雾地疾驶而来。机车后面拖着12节煤车，另外还有20节车厢，车厢里还乘着约450名旅客，斯蒂芬森亲自驾驶着世界上第一列火车。火车驶近了，大地在微微颤动，观众惊呆了，简直不相信自己的眼睛，不相信眼前的这铁家伙竟有这么大的力气。火车缓缓地停稳，人群中爆发出一阵雷鸣般的欢呼声。铜管乐队奏出激昂的乐曲，七门礼炮同时发

放，人们在庆祝世界上诞生了第一列火车。这列火车以每小时24公里的速度，从达灵顿驶到了斯托克顿，铁路运输事业从这天揭开了首页。

到此时，火车的优越性已充分体现出来了，它速度快、平稳、舒适、安全可靠。随即在英国和美国掀起了一个修筑铁路、建造机车的热潮。仅1832年这1年，美国就修建了17条铁路。蒸汽机车也在这段时间前后有了很大的改进，从最初斯蒂芬森建造的两对轮子的机车，一直发展到5对，甚至6对轮子。而斯蒂芬森继续作为这个革命性运输工具的发明者和倡导者，解决了火车铁路建筑、桥梁设计、机车和车辆制造的许多问题。直到今天，火车仍然是世界上重要的运输工具，在交通运输中发挥着巨大的作用。

以后，许多科学家转向研究电力和燃煤蒸汽机车。

1879年，德国西门子电气公司研制了第一台电力机车，重约954公斤，只在一次柏林贸易展览会上做了一次表演。1903年，西门子与通用电气公司共同研制的第一台实用电力机车投入使用，时速达到200公里。

1894年，德国研制成功了第一台汽油内燃机车。并将它应用于铁路运输，开创了内燃机车的新纪元。但这种机车烧汽油，耗费太高，不易推广。

1924年，德、美、法等国成功研制了柴油内燃机车，并在世界上得到广泛使用。

1941年，瑞士研制成新型的燃油汽轮机车，以柴油为燃料。且结构简单、震动小、运行性能好，因而，在工业国家普遍采用。

20世纪60年代以来，各国都大力发展高速列车，例如法国巴黎至里昂的高速列车，时速到达260公里；日本东京至大阪的高速列车时速也达到

200公里以上。人们对这样的高速列车仍不满足。法国、日本等国率先开发了磁悬浮列车。我国截至2011年，高速铁路运营里程已达7 055公里，居世界高速铁路第一位，全国铁路日开行动车组1 000多列，日发送旅客达到92.5万人。并也在上海修建了世界第一条商用磁悬浮列车线。

工业革命以后，随着工业化和城镇化的加速，许多城市的交通出现了拥挤，为此，一名英国的律师提议，建造地下铁以解决城市的交通问题。

地下铁道于1860年开始修建，可是立即遭到许多市民的反对。他们不仅不相信地下铁道能修建成功，而且还感到惊恐不安，担心在马路中心揭开路面，开挖宽沟，会危及路旁房屋的安全。

当然他们的担心是多余的。几百名工人经过三年的努力，终于在1863年将地下铁道修建成功。不仅路旁的房屋没有倒塌，而且刨开的路面还完好如初，车辆照常来往，只是在路面之下多出了车轮的滚动声和汽笛声。

地下铁道成了当时的一大奇物，也成了伦敦的重要交通工具。人们都以能乘坐地铁为快，建成后的第一年，乘坐的旅客就达到950万人。

然而，当时乘坐地铁的人们是要吃点苦头的。19世纪中期，当时电力机车还没有制造出来，地下铁道内使用的还是蒸汽机车，隧道里经常是烟雾弥漫，乘客们不得不忍受这些情况。

后来，地下铁道采取了改造措施：在隧道的顶部开凿了一些孔道，使烟雾有了出口，这样一来，隧道内的空气不再那么污浊了。可是，一波未平一波又起：孔道中冒出的滚滚浓烟往往又把行驶在马路上的马匹惊吓得狂奔乱跳，引起车祸。

直到1890年世界上出现了电力机车之后，地下铁道才步入了它的黄金时代。

与此同时，市中又出现了有轨电车、城市轻轨车等有轨道的交通车辆，这些城市轨道交通车辆的特点是清洁、无污染、运量大、造价低、建设周期短、乘坐舒适等，因此得到了人们的欢迎，尤其是现代私家汽车增多的时代，有轨车辆得到人们的青睐。

❦ 蒸汽机车模型 ❦

19世纪随着蒸汽机车的出现，世界的交通运输进入了铁路时代。经过了一百多年以后，蒸汽机车这项发明已走进了博物馆。不过，铁路这种便捷、快速、经济的运输，又得到了新的发展。

蒸汽机车模型变成了人们学习科学知识、收藏的珍品，它在传递着人们对这一伟大发明的敬仰情怀。

◎ **准备**

吹塑纸或彩纸、易拉罐、塑料瓶盖、泡沫板、细白沙或泡沫板细碎

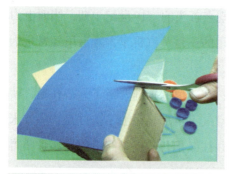

削、木条或方便筷、快干胶、广告色、剪刀、美工刀

◎ 过程

（1）用剪刀剪下吹塑纸并粘在纸盒上，做成机车驾驶室。

（2）把泡沫板切割成长方形，再把驾驶室粘在上面，组成车体。

（3）用易拉罐做机车锅炉粘在车体上。

（4）剪出一块吹塑纸，对车体进行装饰。你还可以继续对车体进行装饰，当然越像越好。

（5）在车体上粘上瓶盖，这就为它装上了车轮。

（6）把细白沙撒在吹塑纸上，用胶粘合。

（7）用方便筷粘出道轨，再粘在路基上。

（8）把组装好的机车用胶粘在道轨上。

 小贴士

蒸汽机车

蒸汽机车是利用蒸汽机，把燃料的热能变成机械能，而使车体运行的一种机车。它主要由锅炉、蒸汽机、车架走行部和煤水车四大部分组成。

蒸汽机车一般分为客运机车、货运机车、调车机车三种。

第一部蒸汽机车是由英国人史蒂芬逊（1781—1848年）制造的。1814年，他研制的第一辆蒸汽机车"布拉策号"试运行成功。1825年9月27日，史蒂芬逊亲自驾驶他同别人合作设计制造的"旅行者号"蒸汽机车在新铺设的铁路上试车，并获得成功。蒸汽机在交通运输业中的应用，使人类迈入了"火车时代"，迅速扩大了人类的活动范围。蒸汽机车在20世纪中期开始被内燃机车所取代。

印度曾经大量使用蒸汽机车，但现在它们只会在空气稀薄的山区运行。

冬季 DONG JI
里的节日、纪念日
I DE JIE RI JI NIAN RI

　　一些节日、纪念日，是人们因为某种需要创设的。其中有许多节日、纪念日是在冬季里。这些节日、纪念日与我们息息相关，又具有科学意义，在这些节日、纪念日的庆祝、纪念活动中，为我们亲近自然，走进科学提供了机会，让我们充分利用这种资源，积极地参与这些庆祝、纪念活动吧！

世界爱滋病日：12月1日

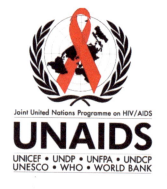

1981年美国研究人员发现世界首例艾滋病病例后，艾滋病在全球范围内迅速蔓延，逐渐成为全球关注的重要公共卫生事件和社会热点问题。世界卫生组织于1988年1月将每年的12月1日定为世界艾滋病日，并号召世界各国和国际组织在这一天举办相关活动，宣传和普及预防艾滋病的知识。

2001年6月，联合国大会艾滋病问题特别会议通过了《关于艾滋病问题的承诺宣言》，为国际社会防治艾滋病行动制订了统一目标和行动规划，以达到在2015年年底以前遏制并开始扭转艾滋病蔓延趋势的总体目标。

 小贴士

艾滋病

艾滋病病毒简称HIV，是一种能攻击人体免疫系统的病毒。通俗地讲，艾滋病就是人体的免疫系统被艾滋病病毒破坏，使人体对威胁生命的各种病原体丧失了抵抗能力，随着人体免疫力的降低，人会越来越频繁地感染上各种致病微生物，而且感染的程度也会变得越来越严重，最终会因各种复合感染而导致死亡。艾滋病病毒的传播途径主要包括血液、不正当的性行为、吸毒和母婴遗传。艾滋病病毒在人体内的潜伏期平均为12年至13年。在发展成艾滋病病人以前外表看上去一切正常，他们可以没有任何

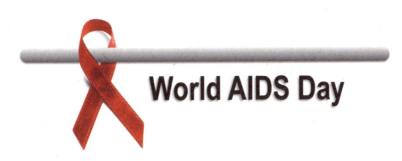

症状地生活和工作很多年，因此，在这种状态下更能将自身携带的病毒传染给其他人。

艾滋病病毒对外界环境的抵抗力较弱，离开人体后，常温下只可生存数小时至数天。高温、干燥以及常用消毒剂都可以杀灭这种病毒。虽然目前还没有能够有效预防艾滋病的疫苗，但已经有用于临床治疗的多种抗病毒药物能有效地抑制人体内艾滋病病毒的复制，在很大程度上缓解艾滋病病人的症状和延长患者的生命。

 世界人权日：12月10日

1948年12月10日，联合国大会通过并发表了《世界人权宣言》（又译《人权普遍宣言》）。这份迄今已被翻译成200多种语言的联合国文件宣布："所有的人均生而自由，在尊严及权利方面处于平等地位"。

《宣言》是第一份详尽阐释一系列普遍权利和基本自由的国际文件，要求各国政府保证本国公民享有这些权利和自由。

《宣言》指出，正义、平等和尊严是男女老幼人人享有的基本人权。《宣言》强调："人人生而自由，在尊严和权利上一律平等"。

《宣言》还指出，捍卫"人类家庭所有成员的固有尊严乃是世界自由、正义与和平的基础"。《宣言》已成为国际人权法的基础，这是每个人的节日。

《宣言》起草委员会共有八名成员，由来自美国、澳大利亚、智利、中国、法国、黎巴嫩、前苏联和英国的代表组成。代表美国参加委员会的是当时的第一夫人埃莉诺·罗斯福。委员会达成的一致意见认为，《宣言》必须纳入人人享有权利和自由的观念。经过两年的讨论和起草，《宣言》的最后文本要求人人有权享有生命、自由和人身安全，人人有权享有言论、表达意见、思想和良心的自由，以及不受酷刑的权利。

🌀 澳门回归日：12 月 20 日 🌀

澳门回归日也称澳门回归节。1999 年 12 月 20 日零时，中葡两国政府在澳门文化中心举行政权交接仪式，中国政府对澳门恢复行使主权，澳门回归祖国。这是继 1997 年 7 月 1 日香港回归祖国之后，中华民族在实现祖国统一大业中的又一盛事。澳门自 1999 年 12 月 20 日回归后，成为中华人民共和国的一个特别行政区，依据澳门基本法实行高度自治。在"一国两制"政策的指引下，澳门的社会和经济方面的特色予以保留并得以延续。以后，每年的这一天就成为了澳门回归日，每年 12 月 20 日澳门都举行纪念活动。

🏠💧 小贴士

澳门

澳门这个名字源于渔民非常敬仰的一位中国女神，即妈祖，她又名娘妈。据说，一艘渔船在天气晴朗、风平浪静的日子里航

行，突遇狂风雷暴，渔民处于危难。危急关头，一位少女站了出来，下令风暴停止，风竟然止住了，大海也恢复了平静，渔船平安地到达了海镜港。上岸后，少女朝妈阁山走去，忽然一轮光环照耀，少女化做一缕青烟。后来，人们在她登岸的地方，建了一座庙宇供奉这位天后，名为妈祖阁。

澳门由秦朝起成为中国领土，从明朝1557年开始被葡萄牙人租借。直至1887年葡萄牙政府与清朝政府签订了有效期为40年的《中葡和好通商条约》（至1928年期满失效）后，澳门成为葡萄牙殖民地，也是欧洲国家在东亚的第一块领地。

1974年4月25日，葡萄牙革命成功，新政府实行非殖民地化政策，承认澳门是被葡萄牙非法侵占的，并首次提出把澳门交还中国。由于不具备适当的交接条件，当时的周恩来总理提出暂时维持澳门当时的状况。

1984年10月3日，邓小平首次公开提出用"一国两制"的

方针解决历史遗留下来的澳门问题。1986年，中葡两国政府开始为澳门问题展开共四轮谈判。1987年，两国总理在北京签订《中华人民共和国政府和葡萄牙共和国政府关于澳门问题的联合声明》及两个附件。

澳门自1999年12月20日回归后，成为中华人民共和国的一个特别行政区，依据澳门基本法实行高度自治。在"一国两制"政策的指引下，澳门的社会和经济方面的特色予以保留并得以延续。

元旦：1月1日

"元"有开始之意，"旦"指天明的意思。元旦便是一年开始的第一天，也被称为"新历年"、"阳历年"。元旦又称"三元"，即岁之元、月之元、时之元。

辛亥革命前，中国的元旦历来指的是农历正月初一。"元旦"的

"元"，指开始，是第一的意思，凡数之始称为"元"；"旦"，象形字，上面的"日"代表太阳，下面的"一"代表地平线。"旦"即太阳从地平线上冉冉升起，象征一日的开始。人们把"元"和"旦"两个字结合起来，就引申为新年开始的第一天。

西历传入中国以后，元旦一词便专用于公历新年，传统的旧历年则称春节。辛亥革命成功后，孙中山为了"行夏正，所以顺农时，从

西历"，定农历正月初一为春节，而以西历的 1 月 1 日为新年。

1949 年 9 月 27 日，中国人民政治协商会议第一届全体会议决定："中华人民共和国纪年采用公元年法"，确认新年（元旦）为中国的法定节日。

元旦也是世界上很多国家或地区的法定假日，欢度元旦是世界各国各地区的普遍习俗，这一天全世界各国都在庆贺新年的开始，只不过各国各地区庆祝的内容和形式不同。

国际海关日：1 月 26 日

国际海关日，被定于每年的 1 月 26 日。设立国际海关日的目的是为了推广海关合作、促进国际贸易，以及建立各海关组织间的紧密联系。国际海关日在 1984 年 1 月 26 日由世界海关组织设立，以纪念海关合作理事会成立 30 周年（该会于 1953 年同日成立）及其首次理事会全体会议。

第二次世界大战以后，世界各国家的经济逐步恢复，亟需发展彼此间的国际贸易，但各国海关制度的差别，妨碍了国际贸易及国家交流的开展，特别给关税及贸易统计的相互比较和国际谈判等问题带来了麻烦。为此，欧洲经济合作委员会的十三国政府于 1947 年 9 月 12 日在巴黎发表联合声明，准备建立欧洲海关同盟，并在布鲁塞尔成立海关同盟小组。1950 年 12 月，由该小组草拟，有关国家签署了《关于建立海关合作理事会公约》。根据这一公约，海关合作理事会于 1953 年 1 月 26 日诞生了。

海关合作理事会是目前世界上唯一的政府间的国际性海关组织，它是各国交流海关业务的场所，为各成员国在其中发挥作用提供了活动的舞台。

海关合作理事会对于促进最新海关技术和监管办法，掌握国际海关的信息和动态中发挥了重大作用。其促进了国际贸易，以及建立各海关组织间的紧密联系。目前海关合作理事会有成员110多个，总部设在布鲁塞尔。我国于1992年初成为海关合作理事会的正式成员国。

世界湿地日：2月2日

湿地与森林、海洋并称全球三大生态系统，被誉为"地球之肾"、"天然水库"和"天然物种库"。为加强对湿地的保护和利用，1971年2月2日，来自18个国家的代表在伊朗南部海滨小城拉姆萨尔签署了《关于特别是作为水禽栖息地的国际重要湿地公约》。为了纪念这一创举，并提高

公众的湿地保护意识，1996年《湿地公约》常务委员会第19次会议决定，从1997年起，将每年的2月2日定为世界湿地日。

湿地是全球价值最高的生态系统，据联合国环境署2002年的权威研究数据表明，一公顷湿地生态系统每年创造的价值高达1.4万美元，是热带雨林的7倍，是农田生态系统的160倍。

湿地

湿地，泛指暂时或长期覆盖水深不超过2米的低地、土壤充水较多的草甸、以及低潮时水深不过6米的沿海地区，包括各种咸水淡水沼泽地、湿草甸、湖泊、河流以及泛洪平原、河口三角洲、泥炭地、湖海滩涂、河边洼地或漫滩、湿草原等。按《国际湿地公约》定义，湿地系指不问其为天然或人工、常久或暂时之沼泽地、湿原、泥炭地或水域地带，带有静止或流动、或为淡水、半咸水或咸水水体者，包括低潮时水深不超过6米的水域。潮湿或浅积水地带发育成水生生物群和水成土壤的地理综合体。湿地是陆地、流水、静水、河口和海洋系统中各种沼生、湿生区域的总称。

湿地是地球上具有多种独特功能的生态系统，它不仅为人类

提供大量食物、原料和水资源，而且在维持生态平衡、保持生物多样性和珍稀物种资源以及涵养水源、蓄洪防旱、降解污染、调节气候、补充地下水、控制土壤侵蚀等方面均起到重要作用。

湿地是位于陆生生态系统和水生生态系统之间的过渡性地带，在土壤浸泡在水中的特定环境下，生长着很多湿地的特征植物。湿地广泛分布于世界各地，拥有众多野生动植物资源，是重要的生态系统。很多珍稀水禽的繁殖和迁徙离不开湿地，因此湿地被称为"鸟类的乐园"。湿地具有强大的生态净化作用，因而又有"地球之肾"的美名。在人口爆炸和经济发展的双重压力下，20世纪中后期大量湿地被改造成农田，加上过度的资源开发和污染，湿地面积大幅度缩小，湿地物种受到严重破坏。

湿地是地球上有着多功能的、富有生物多样性的生态系统，是人类最重要的生存环境之一。湿地的类型多种多样，通常分为自然和人工两大类。自然湿地包括沼泽地、泥炭地、湖泊、河流、海滩和盐沼等，人工湿地主要有水稻田、水库、池塘等。